《货币金融学》习题精练 第三版

翁舟杰／主编

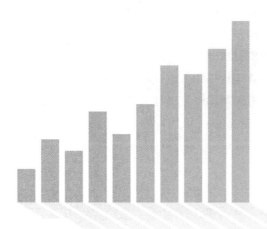

西南财经大学出版社

四川·成都

图书在版编目(CIP)数据

《货币金融学》习题精练/翁舟杰主编.—3 版.—成都:西南财经大学出版社,2024.4

ISBN 978-7-5504-6142-0

Ⅰ.①货… Ⅱ.①翁… Ⅲ.①货币和银行经济学—教学参考资料
Ⅳ.①F820

中国国家版本馆 CIP 数据核字(2024)第 067776 号

《货币金融学》习题精练(第三版)

HUOBI JINRONGXUE XITI JINGLIAN

翁舟杰　主编

责任编辑:何春梅

责任校对:肖　翀

封面设计:墨创文化

责任印制:朱曼丽

出版发行	西南财经大学出版社(四川省成都市光华村街 55 号)
网　　址	http://cbs. swufe. edu. cn
电子邮件	bookcj@ swufe. edu. cn
邮政编码	610074
电　　话	028-87353785
照　　排	四川胜翔数码印务设计有限公司
印　　刷	四川五洲彩印有限责任公司
成品尺寸	185mm×260mm
印　　张	11
字　　数	245 千字
版　　次	2024 年 4 月第 3 版
印　　次	2024 年 4 月第 1 次印刷
印　　数	1—5000 册
书　　号	ISBN 978-7-5504-6142-0
定　　价	29. 80 元

前 言

为了使读者更好地理解和掌握《货币金融学》（第三版）教材的知识要点，并通过习题精练的方式加强对教材中的理论知识的巩固，我们结合多年的教学实践和积累的经验，编写了《货币金融学》（第三版）教材的配套习题集。

本习题集的章节安排和《货币金融学》（第三版）教材一致，各章的具体安排包括习题部分和参考答案部分。习题的类型主要包括单项选择题、多项选择题、判断题、简答题、计算题等。

本习题集及时融入了党的二十大报告为金融改革发展指引的方向以及最新的金融改革举措。

本习题集可供金融专业或经济类相关专业本科生使用，帮助学生加强对"货币金融学"课程的学习，也可以作为"货币金融学"课程主讲教师的辅助教学资料，还可以作为相关考试（硕士入学考试等）和相关培训的辅助资料。

本习题集由翁舟杰负责大纲的拟定、结构的设定以及最终统稿和审定。参加编写的人员包括：翁舟杰、阮小莉、许坤、周丽晖、莫建明、欧阳勇、陈懋龙、傅立立、刘亚辉、王锦阳、唐莹、李凤、董青马、戴艳萍、马如静、万晓莉、尚玉皇、黄宇虹。限于编写人员的水平，书中的疏漏和错误在所难免，望专家、读者指正。

本习题集的编写得到了西南财经大学金融学院与中国金融研究院以及教务处等部门的大力支持，本习题集的出版得到了西南财经大学出版社的大力支持，我们对此表示由衷的感谢。

翁舟杰

西南财经大学

2023 年 12 月

目　录

第一章 为什么要学习货币金融学

学习目标

本章主要介绍货币金融学的由来、货币金融学考查和研究的内容，以及通过分析金融的重要性来阐明本课程的重要性等内容。学完本章，你应该对货币金融学有个基本的轮廓，明白货币金融学的课程地位、课程架构和课程所涵盖的主要内容。

本章重点回顾

➤➤ **货币金融学的由来**

◎货币经济学→货币银行学→货币金融学

➤➤ **货币金融学考察和研究的内容**

◎货币和货币制度；金融市场；金融中介机构；货币供求和调控

➤➤ **金融的重要性**

◎宏观层面和微观层面的重要性

➤➤ **如何学习货币金融学**

◎除了学习教材还需要：了解经济史和金融史；关注经济新闻和事件；拓展和质疑精神。

习题精练

（略）

参考答案

（略）

第二章 货币与货币制度

学习目标

本章主要介绍货币的定义和职能、货币形式的演进、货币的本位制度以及货币层次的划分等内容。学完本章，你应该掌握如下内容：

- ·货币职能的具体内容。
- ·货币形式是如何演进的。
- ·货币的本位制度以及不同本位制度的内在差异。
- ·货币层次划分依据以及具体是如何划分的。
- ·理解金融创新对货币层次划分影响。

本章重点回顾

▶▶ 货币的职能

◎价值尺度；流通手段；支付手段；价值储藏；世界货币

▶▶ 货币形式的演进

◎商品货币；代用货币；信用货币；电子货币

▶▶ 货币的本位制度

◎银本位制；金银复本位制；金本位制；信用本位制

▶▶ 货币层次的划分

◎M0；M1；M2；…

▶▶ 金融创新与货币层次划分

◎ATS；NOW；…

习题精练

一、单项选择题

1. 关于实物货币表述正确的是（　　）。
   - （A）实物货币是指没有内在价值的货币
   - （B）实物货币是指不能分割的货币
   - （C）实物货币是专指贵金属货币
   - （D）实物货币作为货币的价值与作为普通商品的价值相等
2. 货币作为价值尺度所要解决的是（　　）。

    （A）实现商品的价值

    （B）实现商品的储藏

    （C）可以方便不同商品或服务的价值比较

    （D）使人们不必对商品进行比较

3. 下列哪种经济体中的支付体系效率最低？（　　）。

    （A）使用代用货币的经济体

    （B）使用物物交换的经济体

    （C）使用信用货币的经济体

    （D）使用电子货币的经济体

4. 劣币是指实际价值（　　）的货币。

    （A）等于零

    （B）等于名义价值

    （C）高于名义价值

    （D）低于名义价值

5. 本位货币是（　　）。

    （A）一个国家货币制度规定的标准货币

    （B）本国货币当局发行的货币

    （C）以黄金为基础的货币

    （D）可以与黄金兑换的货币

6. 关于金银复本位制，以下描述错误的是（　　）。

    （A）金银复本位制包括平行本位制、双本位制和跛行本位制

    （B）在金银复本位制中，金银比价由银行规定

    （C）在平行本位制中，金银比价由市场决定

    （D）在双本位制中，金银比价由政府规定

7. 跛行本位制是指（　　）。

    （A）银币的铸造受到控制的金银复本位制

    （B）金币的铸造受到控制的金银复本位制

    （C）以金币为本位货币的金银复本位制

    （D）以银币为本位货币的金银复本位制

8. 下列哪一项不属于货币的功能？（　　）。

    （A）价值尺度

    （B）保险手段

    （C）价值储藏

    （D）支付手段

9. 典型的金本位制是（　　）。

    （A）金块本位制

    （B）金汇兑本位制

    （C）虚金本位制

（D）金币本位制

10. 本位货币在商品流通和债务支付中具有什么特点？（　　）。

　　（A）有限法偿

　　（B）无限法偿

　　（C）债权人可以选择是否接受

　　（D）债务人必须支付

11. 辅币在商品流通和债务支付中具有什么特点？（　　）。

　　（A）有限法偿

　　（B）无限法偿

　　（C）债权人可以选择是否接受

　　（D）债务人必须支付

12. 截至 12 月 31 日，某超市包括各类食品和日常用品的商品存货的价值有 10 万元，这反映了货币的哪种功能？（　　）。

　　（A）流通手段

　　（B）价值储藏

　　（C）价值尺度

　　（D）支付手段

13. 欧元具有以下哪项特点？（　　）。

　　（A）欧元是欧洲某一主权国家发行的货币

　　（B）欧元仍然是一种信用货币

　　（C）欧元是可以和黄金自由兑换的货币

　　（D）欧元是一种虚拟货币，它背后所代表的是欧盟国家各国的货币

14. 准货币不包括（　　）。

　　（A）活期存款

　　（B）定期存款

　　（C）储蓄存款

　　（D）活期存款和定期存款

15. 活期存款有如下特点（　　）。

　　（A）活期存款与定期存款的流动性是完全相同的

　　（B）活期存款在支付时需要先转化为现金

　　（C）活期存款不属于直接购买力

　　（D）活期存款属于 M1 层次的货币

16. 下列有关不同货币层次流动性的表述中，哪个是正确的？（　　）。

　　（A）货币总量中唯一的流动性资产是通货

　　（B）由于它们都是货币，所以 M1 和 M2 流动性相同

　　（C）M2 的流动性要大于 M1

　　（D）M1 的流动性要大于 M2

17. 在价格快速上涨过程中，货币的何种职能难以有效发挥？（　　）。

（A）交易媒介

（B）支付手段

（C）价值尺度

（D）价值储藏

18. 货币和收入的区别在于（　　）。

（A）货币是流量而收入是存量

（B）货币是存量而收入指流量

（C）两者无区别，都是指流量

（D）两者无区别，都是指存量

19. 下列流动性最强的金融资产是（　　）。

（A）债券

（B）储蓄存款

（C）定期存款

（D）活期存款

20. 下列哪种情况下货币执行的是流通手段的职能？（　　）。

（A）分期付款购房

（B）饭馆就餐付账

（C）企业在月末支付本月原材料货款

（D）企业在月末发放本月职工工资

21. 商业银行库存现金属于（　　）

（A）M0

（B）M1

（C）M2

（D）不纳入货币统计口径

22. 以下货币制度中会发生劣币驱逐良币现象的是（　　）

（A）金银双本位

（B）金银平行本位

（C）金币本位

（D）金汇兑本位

23. 货币执行以下哪种职能时不需要现实的货币？（　　）

（A）价值尺度

（B）流通手段

（C）支付手段

（D）贮藏手段

24. 当货币作为资产成为持有者的财富时，货币是在执行（　　）职能。

（A）流通手段

（B）支付手段

（C）贮藏手段

(D) 世界货币

25. 根据通用的货币层次划分标准，准货币一般是指（　　）
(A) M2 和 M1 的差额
(B) M2 和 M0 的差额
(C) M3 和 M2 的差额
(D) M3 和 M1 的差额

二、多项选择题

1. 下面关于货币层次的相关表述正确的有（　　）。
(A) M0 包括流通中的现金和库存现金
(B) M1 反映经济中的现实购买力
(C) M2 仅反映经济中的潜在购买力
(D) M2 不仅反映经济中的现实购买力，还反映潜在购买力
(E) 流动性的强弱是划分货币层次的主要依据

2. 在货币演进过程中，出现的货币形式包括（　　）。
(A) 商品货币
(B) 代用货币
(C) 观念货币
(D) 电子货币
(E) 信用货币

3. 以下反映信用货币特点的是（　　）。
(A) 货币本身的价值低于货币价值
(B) 不代表任何金属货币
(C) 可以向发行人兑换贵金属
(D) 靠政府和银行信用而流通
(E) 不存在通货膨胀的压力

4. 货币的世界货币职能是指货币跨出一国国界，在世界范围内执行（　　）的职能。
(A) 价值尺度
(B) 流通手段
(C) 支付手段
(D) 贮藏手段
(E) 外汇储备

5. 金本位制包括（　　）。
(A) 跛行本位制
(B) 金块本位制
(C) 金汇兑本位制
(D) 金币本位制

（E）复本位制

6. 现代信用货币可以是_____等形式。（　　）

（A）纸币

（B）黄金

（C）白银

（D）活期存款

（E）定期存款

7. 货币制度是一个国家以法律形式确定的货币流通准则和规范。在内容上包括：（　　）。

（A）规定本位货币和辅币的材料

（B）确定货币单位

（C）规定货币的发行程序和流通办法

（D）确定发行准备和货币的对外联系

（E）规定货币的购买力

三、判断题

1. 从货币发展的历史看，最早的货币形式是铸币。

2. 货币的流通手段职能，是指以货币为媒介进行的商品交换。

3. 货币在执行支付手段职能时，商品和货币的交割是同时进行的。

4. 只有足值的金属货币才具有价值储藏手段的职能。

5. 在通货膨胀时期，货币是最好的价值储藏手段。

6. 金融创新可能导致货币层次的内涵被不断突破，使得货币层次的划分不断进行修改。

7. 辅币作为货币制度规定的合法货币具有无限法偿的特点。

8. 根据"劣币驱逐良币"的规律，任何情形下银币都会取代金币。

9. 中国人民银行数字货币叫 DCEP，即数字货币和电子支付工具。

10. 货币计量的层次越高，流动性就越强。

11. M2 比 M1 具有更强的流动性。

12. 各国中央银行确定货币供给口径的依据是效益性。

13. 流动性越强的货币层次，包括的货币范围越大。

14. 流通中通货是指纸币、硬币和支票。

15. 根据货币层次的划分，准货币一般是 M2 和 M3 的差额。

四、简答题

1. 如何理解货币的定义？它与日常生活中的通货、财富和收入概念有何区别？

2. 简述货币的职能。

3. 货币形式的演进过程及其动因是什么？

4. 代用货币与信用货币有什么不同？

5. 解释"劣币驱逐良币"现象。

6. 请谈谈不兑现信用货币制度对经济发展的影响。

7. 划分货币层次的依据和意义是什么？金融创新对其有何影响？

8. 什么是 M0、M1 和 M2？请简要分析 M1、M2 与社会经济具有怎样的内在联系。

参考答案

一、单项选择题

1. D	2. C	3. B	4. D	5. A	6. B	7. A	8. B	9. D
10. B	11. A	12. C	13. B	14. A	15. D	16. D	17. D	18. B
19. D	20. B	21. D	22. A	23. A	24. C	25. A		

二、多项选择题

1. BDE	2. ABDE	3. ABD	4. ABCD	5. BCD
6. ADE	7. ABCD			

三、判断题

1. F	2. T	3. F	4. F	5. F
6. T	7. F	8. F	9. T	10. F
11. F	12. F	13. F	14. F	15. F

四、简答题

1. 如何理解货币的定义？它与日常生活中的通货、财富和收入概念有何区别？

【参考答案】

大多数经济学家把货币定义为任何一种被普遍接受的，可以用于支付购买商品和服务，或者偿付债务的物品。

货币与通货的区别。通货是指处于流通中的现实货币，包括纸币和硬币，俗称"现钞"。通货是货币的一部分，货币不仅包括通货，还包括存款货币等。

货币与财富的区别。财富是由各种资产所构成的，包括实物资产和金融资产。财富不仅包括货币，还包括诸如股票、债券、艺术品、房产、汽车等财产。

货币与收入。收入是指一段时间内的收益，是一个流量概念；而货币是指能够用于支付活动的通货、存款等，是一个存量概念。

2. 简述货币的职能。

【参考答案】

货币的职能通常概括为：价值尺度、流通手段、支付手段、贮藏手段和世界货币。

货币的价值尺度职能是指货币能用来衡量和表示不同商品或服务的价值，从而可以方便不同商品或服务的价值比较。货币的流通手段职能是指以货币为媒介进行的商品或服务的交换。货币的支付手段职能是指在以延期付款形式买卖商品或服务时，货币作为独立的价值形式单方面运动时所执行的职能。货币的贮藏手段职能是指货币暂时退出流通处于静止状态，作为财富的代表被储藏起来。货币的世界货币职能是指货币跨出一国国界，在世界范围内执行价值尺度、流通手段、支付手段和价值贮藏的职能。

3. 货币形式的演进过程及其动因是什么？

【参考答案】

历史上许多东西都充当过货币，不同的历史时期使用过不同的货币形式。货币形式的演进顺序为：商品货币、代用货币、信用货币及电子货币。货币形式演进的动因是交易效率的提高和交易成本的降低，这是决定未来货币形式发展趋势的一个重要因素。

4. 代用货币与信用货币有什么不同？

【参考答案】

代用货币是在贵金属货币流通的制度下，代替金属货币流通的货币符号。其本身价值低于货币价值，可以与所代表的金属货币自由兑换，所以其发行必须有足量贵金属作保证。

信用货币本身的价值也低于货币价值，信用货币不与任何贵金属挂钩，不代表任何金属货币，完全靠政府和银行信用而流通。其优越性表现在它的可扩张性，能够满足经济贸易的需要，而弊端则是自始至终存在着通货膨胀的压力。

5. 解释"劣币驱逐良币"现象。

【参考答案】

"劣币驱逐良币"现象也称"格雷欣法则"，是指当一国同时流通两种实际价值不同而法定比价不变的货币时，实际价值高的货币（良币）必然要被熔化、收藏或输出而退出流通领域，而实际价值低的货币（劣币）反而充斥市场。

例如：设黄金和白银的市场比价是1：16，而官定价格为1：15，显然黄金是良币，白银是劣币。在这种情况下，人们宁愿用白银作为货币支付，而将黄金收藏起来或将金币融化输往国外。

6. 请谈谈不兑现信用货币制度对经济发展的影响。

【参考答案】

不兑现信用货币制度的实行是货币制度发展史上的一次革命，它对商品经济的发展产生了巨大的影响：（1）信用货币突破了金属货币物质价值总量的限制，及时满足了商品总规模迅速扩大而产生的对货币需求的增长，为经济发展扫清了流通领域的障碍。（2）信用货币为国家管理社会经济生活提供了强有力的工具。在允许自由铸造的金属货币制度下，货币的供给是分散进行的，而不兑现信用货币制度使货币供给量集中于国家手中，国家可以利用货币政策，通过调节货币供给量、供给方式、供给结构和供给速度等来调整国民经济结构，控制经济增长速度和规模，以达到宏观控制的目的。（3）在不兑现信用货币制度下产生了许多至今不能根本解决的新问题。如：通货膨胀问题以及国家如何利用货币供给来控制宏观经济的问题等

7. 划分货币层次的依据和意义是什么？金融创新对其有何影响？

【参考答案】

货币层次划分的依据主要是根据流动性的强弱。货币供给量的层次划分目的，是为了考察各种具有不同流动性的资产对经济的影响，并选定一组与经济的变动关系最密切的货币资产作为中央银行控制的重点，便于中央银行进行宏观经济运行监测和货币政策操作。例如，M1 对经济的影响比 M2 更直接、更迅速，因为 M1 是现实的购买力，它的变化将直接引起市场供求和价格的变化，而 M2 只有转化为 M1 后，才会产生这种影响。因此，对货币供给量进行层次划分对保持货币政策时效性和宏观经济的稳定都具有十分重要的意义。

随着金融创新的发展，具有良好流动性的新型金融工具不断涌现，突破了传统的货币概念，货币层次的内涵和外延都发生了很大的变化，使按流动性来划分货币层次的方法越来越复杂。如自动转账系统（ATS）、可转让支付命令（NOW）、定期存单（CDs）、银行卡、电子货币、数字货币等。可以预见金融创新对货币层次划分的影响将不断深化。

8. 什么是 M0、M1 和 M2？请简要分析 M1、M2 与社会经济具有怎样的内在联系。

【参考答案】

M0 也称流通中的现金、通货，即流通于银行体系之外的现金；M1 也称狭义货币，等于 M0 加支票存款或活期存款；M2 也称广义货币，等于 M1 加储蓄存款、定期存款。

M1 反映经济中的现实购买力，是经济周期波动的先行指标，M1 应和商品的供应量保持合适的比例关系；M2 不仅反映现实购买力，还反映潜在购买力，即反映是社会总需求的变化和未来通货膨胀的压力状况。

第三章 金融体系概览

学习目标

本章主要学习金融体系的融资方式、金融市场和金融中介机构的功能和分类、金融体系的监管等内容。学完本章，你应该掌握如下内容：

- 对金融体系融资方式以及不同融资方式的优势与局限有深入的理解。
- 对金融市场的功能、分类和金融工具有较为全面的了解。
- 对金融中介机构的功能和类型有较为全面的了解。
- 对金融体系的监管有一定的了解。

本章重点回顾

➢➢ **金融体系的融资方式**
　　◎直接融资和间接融资
　　◎金融结构
➢➢ **金融体系的功能**
➢➢ **金融市场**
　　◎金融市场分类：一级市场和二级市场；债务市场和资本市场；……
　　◎金融市场工具：货币市场工具；资本市场工具
➢➢ **金融中介机构**
　　◎金融中介机构的功能
　　◎金融中介机构的类型
➢➢ **金融体系的监管**

习题精练

一、单项选择题

1. 货币市场与资本市场相比，其交易的金融工具具有什么特点？（　　）。
   - （A）风险高
   - （B）期限短
   - （C）收益率高
   - （D）流动性低

2. 关于一级市场和二级市场，以下哪一种表述是正确的？（　　）。

（A）一级市场是在交易所交易的市场，而二级市场是在场外交易的市场

（B）一级市场是股票交易的市场，二级市场是债券交易的市场

（C）一级市场是长期证券交易的市场，而二级市场是短期证券交易的市场

（D）一级市场是证券发行的市场，而二级市场是证券流通的市场

3. 投资银行是在下列哪种市场上为证券发行提供便利的？（　　）。

（A）股票交易所

（B）场外交易市场

（C）一级市场

（D）二级市场

4. 关于货币市场工具特征，以下哪一项表述是错误的？（　　）。

（A）到期期限在一年内

（B）风险性较高

（C）都是债务契约

（D）流动性较高

5. 下列哪一项不属于同业拆借市场利率？（　　）。

（A）LIBOR

（B）SHIBOR

（C）美联储联邦基金利率

（D）国债利率

6. 在发放贷款之前，商业银行将会对其潜在贷款客户进行调查，以防止出现下述何种问题？（　　）。

（A）道德风险

（B）风险分担

（C）逆向选择

（D）资产转换

7. 下列哪一类机构属于存款性金融中介机构？（　　）。

（A）投资银行

（B）保险公司

（C）信托公司

（D）商业银行

8. 中国在英国发行以美元计价的债券，该债券属于（　　）。

（A）外国债券

（B）美元债券

（C）英镑债券

（D）欧洲债券

9. 同业拆借市场是指金融机构之间为（　　）而相互融通的市场。

（A）调剂短期资金余缺

（B）减少风险

    （C）增加收益

    （D）减弱流动性

10. 金融市场按契约的性质可以分为（　　）。

    （A）债务市场和股权市场

    （B）一级市场和二级市场

    （C）场内交易市场和场外交易市场

    （D）货币市场和资本市场

11. 下列哪一项属于资本市场工具？（　　）。

    （A）商业票据

    （B）国库券

    （C）公司债券

    （D）回购协议

12. 下面关于货币市场和资本市场论述正确的是（　　）。

    （A）货币市场与资本市场的划分依据主要是根据市场上所交易金融工具的期限

    （B）一般情况下，投资货币市场的风险比投资资本市场的风险高

    （C）所有债务工具都在货币市场上交易

    （D）资本市场上交易的金融工具都是股权工具

13. 下列哪项行为可以被认定为参与了间接融资？（　　）。

    （A）你购买信托产品

    （B）你借钱给邻居

    （C）一家公司从一级市场买另一家公司发行的短期证券

    （D）你在一级市场购买债券

14. 下列哪项行为可以被认定为参与了直接融资？（　　）。

    （A）你把钱存入银行

    （B）你购买一个共同基金的份额

    （C）你购买了一份保单

    （D）你购买了国债

15. 在交易发生前由于信息不对称所造成的问题被称为＿＿＿＿＿，而在交易发生后由于信息不对称所造成的问题被称为＿＿＿＿＿。（　　）。

    （A）高价查证；搭便车

    （B）道德风险；逆向选择

    （C）搭便车；高价查证

    （D）逆向选择；道德风险

16. 下列哪种金融工具属于货币市场工具？（　　）。

    （A）抵押贷款

    （B）五粮液公司的股票

    （C）6个月期的国库券

    （D）茅台公司的债券

17. 关于普通股股票和债券的特征，下列哪种说法是正确的？（　　）。

    （A）对发行公司而言，债券是其资产

    （B）普通股股票属于短期证券

    （C）债券持有者将会获得分红

    （D）普通股股票具有对剩余利润的求偿权

18. 关于间接融资，下列哪种说法不正确？（　　）。

    （A）间接融资有助于缓解信息不对称问题

    （B）间接融资资金供求双方联系紧密

    （C）间接融资有助于降低投资者面临的风险

    （D）间接融资通过规模经济，节约交易成本

19. 下列关于货币市场工具特征的表述，不正确的是（　　）。

    （A）违约风险低

    （B）利率风险低

    （C）流动性强

    （D）收益率高

20. 下列关于一级市场和二级市场的表示，不正确的是（　　）。

    （A）一级市场是证券发行的市场

    （B）二级市场为证券发行定价提供参考

    （C）一级市场为金融工具创造流动性

    （D）二级市场是证券流通的市场

21. 在其他条件相同的前提下，可转债的利率与非可转债的利率之间的关系为（　　）。

    （A）前者高于后者

    （B）前者低于后者

    （C）两者相等

    （D）无法判断

22. 在利润分配和破产清算剩余财产分割时，普通股、优先股和债权的优先级排列顺序如下：（　　）。

    （A）优先股，普通股，债权

    （B）普通股，优先股，债权

    （C）债权，优先股，普通股

    （D）优先股，债权，普通股

23. 公司债券比相同期限的政府债券的利率高，这是对（　　）的补偿。

    （A）违约风险

    （B）利率风险

    （C）政策风险

    （D）通货膨胀风险

24. 下列哪项不属于直接融资工具？（　　）。

  （A）商业票据

  （B）抵押贷款

  （C）股票

  （D）债券

25. 下列属于契约型储蓄机构的是（ ）。

  （A）商业银行

  （B）人寿保险公司

  （C）投资银行

  （D）财务公司

26. 国库券被认为是货币市场工具中最安全的，因为几乎没有（ ）风险。

  （A）遗弃

  （B）违约

  （C）到期

  （D）流通

27. 一家公司发行股票，这意味着（ ）。

  （A）向社会公众借款

  （B）向金融市场借款

  （C）购买该股票的投资人拥有该公司的所有权份额

  （D）购买该股票的投资人拥有该公司的债权

28. 我国 SHIBOR 市场是（ ）

  （A）政府融通资金的市场

  （B）央行向商业银行提供贷款的市场

  （C）再贴现和再贷款的市场

  （D）商业银行间拆借资金的市场

29. 根据直接融资和间接融资在金融体系中的地位，金融结构可以区分为（ ）。

  （A）证券主导型和贷款主导型

  （B）市场主导型和银行主导型

  （C）直接主导型和间接主导型

  （D）货币主导型和资本主导型

30. 以下关于政府债券的表述，错误的是（ ）。

  （A）中央政府债券也被称为国债

  （B）短期国债也被称为国库券

  （C）地方政府债券也被称为市政债券

  （D）政府债券也被称为政府机构债券

二、多项选择题

1. 从理论上讲，直接融资相比于间接融资具有哪些特点？（ ）。

　　（A）要求投资者具有相对较高的专业知识和技能

　　（B）要求投资者承担较高的风险

　　（C）融资的门槛相对较高

　　（D）融资的期限相对较短

　　（E）投资收益相对较低

2. 按照不同的标准，金融市场可以进行不同的划分。按契约的性质，金融市场可区分为（　　）。

　　（A）货币市场

　　（B）资本市场

　　（C）债务市场

　　（D）信贷市场

　　（E）股权市场

3. 货币市场工具相比于资本市场工具具有哪些特征？（　　）。

　　（A）到期期限在一年内甚至更短的期限

　　（B）一般都是债务契约

　　（C）流动性一般较差

　　（D）本金安全性一般较高

　　（E）收益性较高

4. 金融工具的"三性"是指（　　）。

　　（A）流动性

　　（B）交易性

　　（C）投机性

　　（D）风险性

　　（E）收益性

5. 下面关于我国回购协议的说法正确的是（　　）。

　　（A）正回购是拆入资金的行为

　　（B）逆回购是拆入资金的行为

　　（C）央行在公开市场加大正回购力度，这是央行在回收流动性

　　（D）回购协议中的金融资产一般是有价证券

　　（E）回购协议是一种资本市场工具

6. 同业拆借的主要方式有（　　）。

　　（A）隔夜拆借

　　（B）政策性贷款

　　（C）通知贷款

　　（D）第三方担保贷款

　　（E）回购协议

7. 以下属于货币市场工具的有（　　）。

　　（A）大额可转让定期存单

（B）长期政府债券

（C）同业拆借

（D）商业票据

（E）银行承兑汇票

三、判断题

1. 直接融资和间接融资的本质区别是有没有金融机构参与。

2. 相比于直接融资，间接融资要求投资者承担较高的风险。

3. 我国金融体系的金融结构属于银行主导型。

4. 短期国债属于资本市场工具。

5. 金融工具的三个重要特性是风险性、流动性和收益性。

6. 金融工具的流动性和收益性正相关。

7. 一级市场又称场内交易市场，二级市场又称场外交易市场。

8. 回购市场是指以回购协议方式进行交易的长期资金融通市场。

9. 市场主导型金融结构是发展趋势。

10. 相比于间接融资，直接融资的门槛较低。

11. 资本市场工具，本金具有高度安全性。

12. 同业拆借市场是金融机构之间为调剂长期资金余缺而相互融通的市场。

13. 对于需要外部融资的公司而言，金融中介机构在很多情况下是比证券市场更加重要的融资来源。

14. 投资银行的资金来源主要是吸收存款。

15. 一级市场是证券发行和流通的市场。

16. 回购协议属于资本市场工具。

17. 股票、债券、基金都是属于直接融资工具。

18. 信托公司的融资方式为间接融资。

19. 投资基金的融资方式为直接融资。

20. 商业银行的主要资金来源是贷款。

四、简答题

1. 什么是直接融资？什么是间接融资？谈谈两者的主要区别。

2. 简述直接融资的优点与局限性。

3. 简述金融体系的功能。

4. 什么是一级市场和二级市场？谈谈两者的关系。

5. 简述货币市场和资本市场的划分依据及各自的定义，并简要比较两个市场的特点。

6. 简述金融工具的三个重要特性。

7. 同业拆借有哪些方式？请说明不同方式的特点。

8. 请结合银行贷款业务，谈谈逆向选择和道德风险问题。

参考答案

一、单项选择题

1. B	2. D	3. C	4. B	5. D	6. C	7. D	8. D	9. A
10. A	11. C	12. A	13. A	14. D	15. D	16. C	17. D	18. B
19. D	20. C	21. B	22. C	23. A	24. B	25. B	26. B	27. C
28. D	29. B	30. D						

二、多项选择题

1. ABC	2. CE	3. ABD	4. ADE	5. ACD
6. ACE	7. ACDE			

三、判断题

1. F	2. F	3. T	4. F	5. T
6. F	7. F	8. F	9. T	10. F
11. F	12. F	13. T	14. F	15. F
16. F	17. F	18. T	19. F	20. F

四、简答题

1. 什么是直接融资？什么是间接融资？谈谈两者的主要区别。

【参考答案】

直接融资：资金盈余单位和短缺单位通过金融市场发生联系。短缺单位通过出售股票、债券等凭证而获得资金，盈余单位持有这些凭证而获得未来的本息收入或股息分红。

间接融资：资金的盈余单位和短缺单位并不发生直接的关系，而是分别同金融中介机构发生一笔独立的交易，金融中介机构发挥着吸收资金和分配资金的功能。

最主要区别：虽然直接融资和间接融资都可能会有金融机构的参与，但间接融资中的金融中介通过发行对自身的要求权来获得资金，然后再把它转化成对短缺单位的要求权。而直接融资中的金融机构则不发行对自身的要求权。

2. 简述直接融资的优点与局限性。

【参考答案】

直接融资是资金盈余单位和短缺单位通过金融市场直接发生联系。

优势：（1）资金供求双方联系紧密，有利于合理配置资金，提高资金使用效率；（2）直接融资避开了银行等中介机构，由资金供求双方进行交易，因此筹资成本相对较低而投资收益相对较大。

局限：（1）要求盈余单位具有一定的专业知识和技能；（2）要求盈余单位承担较高的风险；（3）对于短缺单位来说，直接融资的门槛较高；（4）融资工具流动性和变现能力受金融市场发育程度的限制。

3. 简述金融体系的功能。

【参考答案】

金融体系的功能：（1）有利于提高资源配置的效率——如果没有金融体系，没有投资机会的人很难把资金转移给有投资机会的人，导致资金闲置和投资机会的错失，金融体系有助于整个经济增加生产和提高效率。（2）有利于增进社会福利——如生命周期理财规划，金融体系使消费者能更好地利用购买时机，提高他们的福利。具体来看，金融体系的功能包括：跨越时空转移资源，管理风险，支付结算，聚集资源和分割股份，提供信息，解决激励问题。

4. 什么是一级市场和二级市场？谈谈两者的关系。

【参考答案】

一级市场是筹集资金的公司或者政府机构将新发行债券或股票等出售给最初购买者的市场；二级市场是已经发行的证券进行转售交易的市场。

一级市场的规模决定了二级市场的规模，公司在首次发行的一级市场中获得新的资金。二级市场是一级市场顺利发行的基础：一来，二级市场使金融工具更具有流动性；二来，二级市场可为一级市场证券销售的定价提供参考。

5. 简述货币市场和资本市场的划分依据及各自的定义，并简要比较两个市场的特点。

【参考答案】

金融市场按交易的金融工具期限可划分为货币市场和资本市场。货币市场是短期债务工具（期限短于1年）进行交易的金融市场；资本市场是长期债务工具（期限等于或大于1年）和股权工具进行交易的金融市场。货币市场的流动性一般高于资本市场；货币市场的风险性一般低于资本市场（或投资货币市场比投资资本市场更为安全）；货币市场的收益性一般低于资本市场。

6. 简述金融工具的三个重要特性。

【参考答案】

金融工具是指完成资金融通所使用的工具（通常也叫金融产品），金融工具具有三个重要特性：流动性、风险性和收益性。流动性是指一种资产转换成现金时的难易程度；金融工具的风险性源于到期不能收回最初投入的全部资金；收益性是指金融工具可以获得收益的特性。一般来说，流动性与收益性之间是负相关——其他条件相同，流动性越高的金融工具，其收益率较低。风险性和收益性是正相关的——其他条件相同，风险越高的金融工具，其收益率一般也越高。另外，流动性和风险性也存在一种内在的联系，一般来说，流动性高的金融工具风险较小，因为它们可以立即以接近原始购买的价格变现。

7. 同业拆借有哪些方式？请说明不同方式的特点。

【参考答案】

同业拆借的方式主要包括隔夜拆借、通知贷款、回购协议等。

隔夜拆借：同业拆借市场的主要拆借方式，期限为一日，头天清算时拆入，次日清算前偿还。不需要担保品，属于信用拆借。

通知贷款：拆借时间超过隔夜的是通知贷款，实际期限常在一周以内，这类拆借一般要求以国债、金融债券等有价证券为担保品。

回购协议：一般用于较长期限或对资信一般的金融机构的拆借。

8. 请结合银行贷款业务，谈谈逆向选择和道德风险问题。

【参考答案】

在交易之前，信息不对称造成的问题会导致逆向选择。信贷市场上的逆向选择，指的是那些最可能造成信贷风险的借款者常常就是那些寻找贷款最积极，而且是最可能得到贷款的人。由于逆向选择使得贷款可能招致信贷风险，贷款者因此可能决定不发放任何贷款。

在交易之后，信息不对称造成的问题会导致道德风险。信贷市场的道德风险，指的是借款者可能从事了从贷款者的观点来看不希望看到的那些活动的风险，因为这些活动使得这些贷款很可能不能归还。由于道德风险降低了贷款归还的可能性，贷款者可能决定宁愿不发放贷款。

第四章　利率与利率计算

学习目标

本章主要介绍利率的概念、种类以及与利率相关的计算等。学完本章，你应该掌握以下内容：

- 理解单利和复利的定义以及计算式。
- 建立货币时间价值的概念，理解现值和终值的定义以及计算式。
- 掌握到期收益率的含义以及计算方法。
- 掌握回报率的含义以及计算方法。

本章重点回顾

▶▶ **利率的分类**

◎ 掌握基准利率；名义利率和实际利率；固定利率和浮动利率。

▶▶ **理解货币的时间价值**

◎ 理解单利与复利；现值与终值

▶▶ **到期收益率**

◎ 要能熟练计算各种不同金融工具的到期收益率

▶▶ **回报率**

◎ 理解回报率和到期收益的区别，能熟练计算回报率

习题精练

一、单项选择题

1. 如果要准确比较两个利率的大小，下面哪个条件是不需要知道的？（　　）。

（A）两个利率的数值

（B）两个利率的时间单位

（C）两个利率的种类

（D）两个利率的复利频率

2. 某息票债券，面值为1 000元，每年支付60元利息，则其息票率为（　　）。

（A）30%

（B）3%

（C）60%

（D）6%

3. 相比之下，下列哪一种利率对于经济决策更为重要？（　　）。

（A）名义利率

（B）固定利率

（C）事前的实际利率

（D）事后的实际利率

4. 经济学家认为最精确的利率指标是（　　）。

（A）到期收益率

（B）名义收益率

（C）回报率

（D）当期收益率

5. 下列哪种现金流序列属于年金？（　　）。

（A）每月支出的不同金额的手机资费

（B）不定期收到的等额股息

（C）每月收到的等额生活费

（D）定期存款到期后收到的本息

6. 债券某一期间所获得的利息与债券购入价格的比率称为（　　）。

（A）到期收益率

（B）当期收益率

（C）资本利得率

（D）息票率

7. 假如某人用 90 元购买了某种面值为 100 元的永续债券，息票率为 5%，每年付息一次，求其到期收益率。（　　）。

（A）5%

（B）2.5%

（C）5.6%

（D）6.5%

8. 某息票债券面值 100，息票率 5%，每年付息一次，以 90 元的价格买入，1 年后以 94 元的价格卖出。其回报率为（　　）。

（A）10%

（B）5%

（C）4%

（D）9%

9. 由于长期债券的利率风险比短期债券_____，所以当不同期限的利率发生同幅度下降时，长期债券价格的_____比短期债券更_____。（　　）。

（A）小；上涨幅度；大

（B）小；下跌幅度；小

（C）大；上涨幅度；大

（D）大；下跌幅度；大

10. 某贴现发行债券，面值 100 元，发行价 95 元，期限 1 年，其到期收益率为（　　）。

（A）5%

（B）5.3%

（C）5.5%

（D）9.5%

11. 债券的价格和其到期收益率的关系为（　　）。

（A）正相关

（B）负相关

（C）不相关

（D）不确定

12. 如果息票债券的价格高于其面值，则其到期收益率（　　）息票率。

（A）高于

（B）低于

（C）等于

（D）不确定

13. 名义利率为 3%，预期通胀率为 2%，则实际利率为（　　）。

（A）1%

（B）2%

（C）3%

（D）5%

14. 以低于面值的价格发行，到期按面值支付的债券称为（　　）。

（A）贴现债券

（B）息票债券

（C）公司债券

（D）永续债券

15. 关于回报率的描述，以下说法正确的是（　　）。

（A）回报率由当期收益率和资本利得率构成

（B）回报率由息票率和资本利得率构成

（C）回报率等于息票率减去通货膨胀率

（D）回报率等于名义利率减去通货膨胀率

16. 期限 20 年以上的息票债券的到期收益率近似地等于（　　）。

（A）息票率

（B）当期收益率

（C）回报率

（D）资本利得率

17. 在经济体中，通常被作为其他利率的标杆或参照系的利率被称为（　　）。

(A) 标准利率

(B) 基准利率

(C) 参考利率

(D) 关键利率

18. 银行三年期定期存款（整存整取）利率为 4%，请问该 "4%" 利率的时间单位为_____，复利频率为_____。（   ）。

　　(A) 1 年；1 年复利 1 次

　　(B) 1 年；3 年复利 1 次

　　(C) 3 年；1 年复利 1 次

　　(D) 3 年；3 年复利 1 次

19. 某 5 年期息票债券，息票率为 3%，半年付息 1 次，请问该 "3%" 息票率的时间单位是_____，复利频率是_____。（   ）。

　　(A) 半年；半年复利 1 次

　　(B) 半年；1 年复利 1 次

　　(C) 1 年；半年复利 1 次

　　(D) 1 年；1 年复利 1 次

20. 以下不曾作为我国基准利率的是（   ）。

　　(A) 人民银行的再贴现利率

　　(B) SHIBOR

　　(C) LIBOR

　　(D) LPR

21. 面值为 100 元的永续债券票面利率是 10%，当该债券的市场利率为 8% 时，该债券的理论价格应该是（   ）元。

　　(A) 100

　　(B) 125

　　(C) 110

　　(D) 1 375

22. 对债权人而言，下列哪种情况最有利？（   ）。

　　(A) 名义利率为 6.12%，通货膨胀率为 6.4%

　　(B) 名义利率为 5.22%，通货膨胀率为 -0.8%

　　(C) 名义利率为 2.25%，通货膨胀率为 0.4%

　　(D) 名义利率为 2.52%，通货膨胀率为 2.0%

23. 有关现值的说法，错误的是（   ）。

　　(A) 利率越低，现值越小

　　(B) 其他条件不变，现值和终值的变动方向始终一致

　　(C) 未来支付的期限越短，现值越大

　　(D) 终值越大，现值越大

24. 一张年息票利息为 4 元、市场价格为 20 元的永续债的到期收益率为（   ）。

（A）25%

（B）20%

（C）5%

（D）4%

25. 拥有债券的人不愿意听到利率上升的消息，是因为他们所持有的债券（　　）。

（A）当期收益率会下跌

（B）价格会下跌

（C）到期收益率会下跌

（D）息票利息会减少

26. 下面相同期限的面值 1000 元的债券，哪个具有最高的到期收益率？（　　）。

（A）息票率 8%，卖 1100 元的息票债券

（B）息票率 10%，卖 1100 元的息票债券

（C）息票率 12%，卖 1100 元的息票债券

（D）息票率 12%，卖 1200 元的息票债券

27. 名义利率为 5%，实际通胀率为 3%，预期通胀率为 2%，则事后实际利率为（　　）。

（A）1%

（B）2%

（C）3%

（D）5%

28. 按利率是否会在借贷期内进行调整，可以将利率区分为（　　）。

（A）市场利率和固定利率

（B）浮动利率和固定利率

（C）浮动利率和官定利率

（D）市场利率和官定利率

29. 一个现金流序列要成为年金，必须满足（　　）。

（A）序列中每一笔现金流的金额相等

（B）序列中每一笔现金流的时间间隔相等

（C）序列中每一笔现金流的金额相等、时间间隔相等

（D）序列中每一笔现金流的金额相等现值相等

30. 如果息票债券的价格_____其面值，那么其到期收益率就会_____其息票率。（　　）。

（A）高于；高于

（B）等于；低于

（C）等于；高于

（D）等于；等于

二、多项选择题

1. 下面关于利率的分类的描述，正确的是（　　）。
   （A）按利率是否在借贷期内调整可分为固定利率和浮动利率
   （B）按利率是否在借贷期内调整可分为固定利率和市场利率
   （C）按利率是否随市场规律自由变动可分为市场利率和官定利率
   （D）按利率是否随市场规律自由变动可分为市场利率和固定利率
   （E）按利率是否考虑通货膨胀可分为名义利率和实际利率

2. 以下属于贴现债券特点的是（　　）。
   （A）贴现债券发行价格低于其面值
   （B）债券不支付利息，到期支付票面额给持有者
   （C）债券支付利息，到期无须归还本金
   （D）贴现债券发行价格高于其面值
   （E）贴现债券的期限无限长

3. 关于息票债券的价格与到期收益率的关系，以下正确的是（　　）。
   （A）息票债券的价格与其到期收益率之间是正相关关系
   （B）当息票债券的价格低于其面值时，其到期收益率高于其息票率
   （C）当息票债券的价格大于其面值时，其到期收益率低于其息票率
   （D）当息票债券的价格等于其面值时，其到期收益率就等于其息票率
   （E）息票债券的价格与其到期收益率之间是负相关关系

4. 利息的计算方式，可以分为（　　）。
   （A）现值计息
   （B）终值计息
   （C）远期计息
   （D）单利计息
   （E）复利计息

5. 下列属于永续债券特点有（　　）。
   （A）没有到期日
   （B）不偿还本金
   （C）永远支付固定金额息票利息
   （D）折价发行且不支付利息
   （E）属于货币市场工具

6. 关于名义利率与实际利率，以下说法正确的是（　　）。
   （A）未剔除通货膨胀影响的利率为实际利率
   （B）两者区别在于是否剔除了通货膨胀对利率的影响
   （C）通货膨胀率越高，则实际利率越高
   （D）事前实际利率对于经济决策非常重要
   （E）事后实际利率等于名义利率减去预期的通胀率

7. 关于回报率，以下说法错误的是（　　　）。

（A）利率上升必定伴随着债券价格的下跌，从而资本利得率为正值

（B）利率波动时，期限越长的债券，回报率波动幅度越小

（C）资本利得率可能为负值

（D）回报率可能为负值

（E）回报率等于到期收益率加资本利得率

三、判断题

1. 贴现债券发行价格高于其面值。

2. 中央银行调高基准利率对债券的持有者来说是利好的消息。

3. 长期债券的利率风险高于短期债券。

4. 普通年金的每笔现金流都发生在对应时间段的期初。

5. 没有特别说明的前提下，千分号一般表示日利率。

6. 当债券价格高于其面值时，其到期收益率也高于其票面利率。

7. 未剔除通货膨胀影响的利率为名义利率。

8. 在其他条件相同的前提下，复利频率越高终值越大。

9. 在年金序列中，每笔现金流额度相等，现金流之间的时间间隔为 1 年。

10. 当债券价格等于其面值时，债券的到期收益率等于其票面利率。

11. 永续债券的到期收益率就等于其票面利率。

12. 比较两个现金流序列的大小，必须把两个现金流都折算到零时刻点，才能进行比较。

13. 在浮动利率的住房按揭贷款中，当利率提高时，月供会增多。

14. 定期定额偿还贷款的到期收益率就等于其贷款利率。

15. 回报率是债券持有者获得的利息收益和资本利得的总和与债券面值之间的比率。

四、简答题

1. 息票债券的息票率能否准确地反映该债券的收益水平？为什么？

2. 什么是基准利率？简要概述 SHIBOR 和 LPR。

3. 简述名义利率和实际利率的区别。

4. 如果持有人在债券到期之前将债券卖出，其回报率是否能与到期收益率相同？为什么？

5. 假设不同期限的利率下降速度一致，那么当市场利率下降时，你愿意持有 1 年期国债还是 10 年期国债？为什么？

五、计算题

1. 某投资项目，在第 1 年年初和第 2 年年初各需投入 5 万元。预计未来的现金流入分别为第 2 年年末 3 万元，第 3 年年末 4 万元，第 4 年年末 4 万元。假设投资者的期

望收益率为 10%。请问该项目是否值得投资？

2. 某人向银行申请了住房按揭贷款，贷款额为 30 万元，贷款期为 10 年，月利率为 6‰，采用等额本息还款法，求每月月供金额。

3. 某贴现债券，面值 1 000 元，按 960 元发行，期限 1 年，其到期收益率为多少？

4. 某种永续债券，面值 100 元，息票率 8%，每年付息一次，当前市场价格 102 元。求其到期收益率。

5. 假定你申请了 20 000 元的贷款，需要在之后的两年内每年还款 11 000 元。

（1）请写出计算该贷款到期收益率的计算式。

（2）如果给定贴现率为 10%，请计算该贷款还款额的现值。

6. 面值为 100 元的息票债券，息票率为 6%，每年付息一次，当前价格为 96 元，预计明年其价格为 102 元。计算当期收益率、预期资本利得率、预期回报率。

7. 有两种面值为 1 000 元的债券：一种是售价 950 元、当期收益率为 5% 的 20 年期债券；另一种是售价 950 元，当期收益率为 4% 的 1 年期债券。哪一种债券的到期收益率更高？

8. 某公司债券，面值 1 000 元，息票率 6%，每年付一次利息，期限 2 年，贴现率为 5%。（1）该债券的理论价格为多少？（2）假定你按题（1）中计算的价格买入该债券，持有 1 年后以 1 020 元的价格卖出，你在这 1 年中的回报率是多少？

9. 如果你向朋友借款 10 万元，朋友要求你在未来三年每年年末还款一定数额，总共还款 12 万元，下表给出了可选择的还款方案：

还款方案	第一年	第二年	第三年
方案 A	3 万元	4 万元	5 万元
方案 B	5 万元	4 万元	3 万元

（1）请问你选择哪一种还款方案对自己最有利？请给出简要理由。

（2）请列出还款方案 A 的到期收益率计算式。

（3）给定利率为 10%，请计算还款方案 B 在第三年年末的终值。

10. 某息票债券面值 1 000 元，3 年期，息票率为 8%，每年付息一次，以 950 元的发行价格向全社会公开发行。到第一年年末该债券的市场利率为 10%，若投资者在此时出售，则该债券的息票利息、第一年年末的市场价格和回报率分别是多少？

参考答案

一、单项选择题

1. C　　2. D　　3. C　　4. A　　5. C　　6. B　　7. C　　8. A　　9. C

10. B　　11. B　　12. B　　13. A　　14. A　　15. A　　16. B　　17. B　　18. B

19. C　　20. C　　21. B　　22. B　　23. A　　24. B　　25. B　　26. C　　27. B

28. B　　29. C　　30. D

二、多项选择题

1. ACE　　2. AB　　3. BCDE　　4. DE　　5. ABC

6. BD　　7. ABE

三、判断题

1. F　　2. F　　3. T　　4. F　　5. F

6. F　　7. T　　8. T　　9. F　　10. T

11. F　　12. F　　13. T　　14. T　　15. F

四、简答题

1. 息票债券的息票率能否准确地反映该债券的收益水平？为什么？

【参考答案】

一般不能，除非以面值购买并持有到期。

因为对于未持有到期的息票债券，回报率才是能很好衡量收益水平的指标。而息票率计算式的分子只包括利息，不包括资本利得；并且，息票率计算式的分母为债券面值，而不是债券购买者的实际成本即购入价格。此时回报率并不等于息票率。另外，对于不以面值购买并持有到期的息票债券，到期收益率是能很好衡量收益水平的指标，但此时到期收益率并不等于息票率。

2. 什么是基准利率？简要阐述 SHIBOR 和 LPR。

【参考答案】

基准利率是指在利率体系中能带动其他利率变化的利率，它通常是其他利率的标杆或参照系。

上海银行间同业拆放利率（SHIBOR）是由信用等级较高的银行组成报价团自主报出的人民币同业拆出利率计算确定的算术平均利率，是单利、无担保、批发性利率，是我国重要的基准利率。

除了 SHIBOR，贷款市场报价利率（LPR）也是我国重要的基准利率。LPR 是由具有代表性的报价行，根据本行对最优质客户的贷款利率，通过在人民银行中期借贷便利（MLF）利率的基础上加点的方式报出各家的贷款利率，再由中国人民银行授权全国银行间同业拆借中心计算出并向社会公布，金融机构主要参考 LPR 进行贷款定价。

3. 简述名义利率和实际利率的区别。

【参考答案】

名义利率与实际利率的区别在于是否剔除了通货膨胀对利率的影响。未剔除通货膨胀影响的利率为名义利率，反之，则为实际利率。实际利率又可以根据剔除的通胀是事前预期的通胀还是事后的通胀可以区分为事前的实际利率和事后的实际利率。区分实际利率和名义利率非常重要，因为只有实际利率才反应借款者的真实借款成本和投资者的真实投资收益。

4. 如果持有人在债券到期之前将债券卖出，其回报率是否能与到期收益率相同？为什么？

【参考答案】

通常不能。

因为当市场利率发生变化时，债券价格会随之发生变化。这时出售债券会导致资本利得（价差损益），从而使回报率与到期收益率发生偏差。

5. 假设不同期限的利率下降速度一致，那么当市场利率下降时，你愿意持有 1 年期国债还是 10 年期国债？为什么？

【参考答案】

10 年期国债。

因为当利率下降时，债券价格会上升，并且期限越长的债券价格上升得越多。

五、计算题

1. 某投资项目，在第 1 年年初和第 2 年年初各需投入 5 万元。预计未来的现金流入分别为第 2 年年末 3 万元，第 3 年年末 4 万元，第 4 年年末 4 万元。假设投资者的期望收益率为 10%。请问该项目是否值得投资？

【参考答案】

投入现金流的现值总和：

$$5+\frac{5}{1+10\%}\approx 9.55（万元）$$

产出现金流的现值总和：

$$\frac{3}{(1+10\%)^2}+\frac{4}{(1+10\%)^3}+\frac{4}{(1+10\%)^4}\approx 8.22（万元）$$

产出现金流的现值总和小于投入现金流的现值总和，该项目不值得投资。

2. 某人向银行申请了住房按揭贷款，贷款额 30 万元，贷款期 10 年，月利率 6‰，采用等额本息还款法，求每月月供金额。

【参考答案】

设每月月供金额为 A，则有如下算式：

$$3\,000\,000=\sum_{n=1}^{120}\frac{A}{(1+0.006)^n}$$

$$A=3\,514.26$$

3. 某贴现债券，面值 1 000 元，按 960 元发行，期限 1 年，其到期收益率为多少？

【参考答案】

设到期收益率为 i，则有

$$960 = \frac{1000}{1+i} = 4.17\%$$

4. 某种永续债券，面值 100 元，息票率 8%，每年付息 1 次，当前市场价格 102 元。求其到期收益率。

【参考答案】

$$i = \frac{100 \times 8\%}{102} = 7.84\%$$

5. 假定你申请了 20 000 元的贷款，需要在之后的两年内每年还款 11 000 元。

（1）请写出计算该贷款到期收益率的计算式。

【参考答案】

$$20\ 000 = \frac{11\ 000}{1+r} + \frac{11\ 000}{(1+r)^2}$$

（2）如果给定贴现率为 10%，请计算该贷款还款额的现值。

【参考答案】

$$PV = \frac{11\ 000}{1+0.1} + \frac{11\ 000}{(1+0.1)^2} = 19\ 090.91 \ （元）$$

6. 面值为 100 元的息票债券，息票率为 6%，每年付息 1 次，当前价格为 96 元，预计明年其价格为 102 元。计算当期收益率、预期资本利得率、预期回报率。

【参考答案】

$$i_c = \frac{C}{P_t} = \frac{6}{96} = 6.25\%$$

$$g = \frac{P_{t+1} - P_t}{P_t} = \frac{102 - 96}{96} = 6.25\%$$

$$R = i_c + g = 6.25\% + 6.25\% = 12.5\%$$

7. 有两种面值为 1 000 元的债券：一种是售价 950 元、当期收益率为 5% 的 20 年期债券；另一种是售价 950 元，当期收益率为 4% 的 1 年期债券。哪一种债券的到期收益率更高？

【参考答案】

1 年期债券：

利息 = 950×4% = 38（元），设到期收益率为 i，则有

$$950 = \frac{1\ 000 + 38}{1+i} \Rightarrow i = 9.26\%$$

20 年期债券：到期收益率约等于当期收益率，本题中为 5%。

所以 1 年期的到期收益率更高。

8. 某公司债券，面值 1 000 元，息票率 6%，每年付一次利息，期限 2 年，贴现率为 5%。

（1）该债券的理论价格为多少？

【参考答案】

每年获得利息：1 000×6%＝60（元）

该债券的理论价格为：

$$P = \frac{60}{1 + 5\%} + \frac{60 + 1\,000}{(1 + 5\%)^2} = 1\,018.59（元）$$

（2）假定你按题（1）中计算的价格买入该债券，持有 1 年后以 1 050 元的价格卖出，你在这 1 年中的回报率是多少？

【参考答案】

$$R = \frac{C}{P_t} + \frac{P_{t+1} - P_t}{P_t} = \frac{60}{1\,018.59} + \frac{1\,050 - 1\,018.59}{1\,018.59} = 8.97\%$$

9. 如果你向朋友借款 10 万元，朋友要求你在未来三年每年年末还款一定数额，总共还款 12 万元，下表给出了可选择的还款方案：

还款方案	第一年	第二年	第三年
方案 A	3 万元	4 万元	5 万元
方案 B	5 万元	4 万元	3 万元

（1）请问你选择哪一种还款方案对自己最有利？请给出简要理由。

【参考答案】

应该选方案 A。

理由：比较两个方案的现值或终值，方案 A 数值更小，故选 A。

（2）请列出还款方案 A 的到期收益率计算式。

【参考答案】

$$100 = \frac{3}{1 + r} + \frac{4}{(1 + r)^2} + \frac{5}{(1 + r)^3}$$

（3）给定利率为 10%，请计算还款方案 B 在第三年末的终值。

【参考答案】

方案 B 终值＝5×（1+10%)²＝4×（1+10%）＋3＝13.45（万元）

10. 某息票债券面值 1 000 元，3 年期，息票率为 8%，每年付息 1 次，以 950 元的发行价格向全社会公开发行。到第一年年末该债券的市场利率为 10%，若投资者在此时出售，则该债券的息票利息、第一年年末的市场价格和回报率分别是多少？

【参考答案】

息票利息＝债券面值×息票率＝100×8%＝80（元）

$$一年后的债券价格 = \frac{80}{1+0.1} + \frac{1\,000+80}{(1+0.1)^2} = 965.29（元）$$

$$回报率 = \frac{息票利息+资本利得}{债券购买价格} = \frac{80+（965.29-950）}{950} = 10.03\%$$

第五章　利率决定理论

学习目标

本章主要介绍资产需求的决定因素和资产需求理论；债券市场供求以及均衡利率变动；货币市场供求以及均衡利率变动。学完本章，你应该掌握：

- 资产需求的决定因素分析——资产需求理论。
- 利率决定的债券供求分析——基于债券供求分析的利率决定理论。
- 利率决定的货币供求分析——基于货币供求分析的利率决定理论（流动性偏好理论）。

本章重点回顾

▷▷　资产需求理论

▷▷　利率决定的债券供求分析

　　◎债券供求曲线和供求均衡

　　◎导致债券需求曲线移动的因素和均衡利率变动分析

　　◎导致债券供给曲线移动的因素和均衡利率变动分析

▷▷　利率决定的货币供求分析（流动性偏好理论）

　　◎货币供求曲线和供求均衡

　　◎导致货币需求曲线移动的因素和均衡利率变动分析

　　◎导致货币供给曲线移动的因素和均衡利率变动分析

习题精练

一、单项选择题

1. 根据资产需求理论，下列哪种因素将会导致该项资产需求量降低？（　　　）。

　　（A）购买者财富总额的增加

　　（B）相对于其他替代性资产，该项资产预期回报率提高

　　（C）相对于其他替代性资产，该项资产风险水平提高

　　（D）相对于其他替代性资产，该项资产流动性提高

2. 债券价格和利率之间的关系是（　　　）。

　　（A）无关

　　（B）正相关

（C）负相关

（D）是正相关还是负相关取决于市场参与者是债券的买方还是卖方

3. 根据债券的供给曲线，债券价格越高，利率 _____，债券供给量 _____。（   ）。

（A）越低；越大

（B）越低；越小

（C）越高；越大

（D）越高；越小

4. 如果债券价格低于其均衡价格，那么将会出现哪种过剩情况？（   ）。

（A）是债券供应量过剩，将会导致债券价格下降并且利率提高

（B）是债券供应量过剩，将会导致债券价格上升并且利率下降

（C）是债券需求量过剩，将会导致债券价格下降并且利率提高

（D）是债券需求量过剩，将会导致债券价格上升并且利率下降

5. 下列关于债券市场陈述中哪种是正确的？（   ）。

（A）债券的需求取决于借入资金的意愿

（B）债券的供给取决于借出资金的意愿

（C）如果债券价格高于均衡价格，则会存在超额需求

（D）如果债券价格高于均衡价格，则会存在超额供给

6. 如果债券供给曲线向左移动，那么债券的价格将会（   ）。

（A）下降且利率将降低

（B）下降且利率将上升

（C）上升且利率将上升

（D）上升且利率将降低

7. 如果债券需求曲线向左移动，那么债券的价格将会（   ）。

（A）下降且利率将降低

（B）下降且利率将上升

（C）上升且利率将上升

（D）上升且利率将降低

8. 股票风险水平的提高将会导致（   ）。

（A）债券需求曲线向右移动

（B）债券需求曲线向左移动

（C）债券供给曲线向右移动

（D）债券供给曲线向左移动

9. 经济体中财富总量的降低将会导致（   ）。

（A）债券需求曲线向右移动、债券价格提高，且利率下降

（B）债券需求曲线向左移动、债券价格下降，且利率上升

（C）债券供给曲线向右移动、债券价格提高，且利率下降

（D）债券供给曲线向左移动、债券价格下降，且利率上升

10. 预期通货膨胀率的提高将会导致（　　　）。
    （A）债券需求曲线向左移动、债券供给曲线向右移动，且利率下降
    （B）债券需求曲线向右移动、债券供给曲线向左移动，且利率上升
    （C）债券需求曲线向左移动、债券供给曲线向右移动，且利率上升
    （D）债券需求曲线向右移动、债券供给曲线向左移动，且利率下降

11. 下列何种因素将会导致债券需求曲线向右移动？（　　　）。
    （A）股票市场的风险水平降低
    （B）人们预期未来的利率水平将会降低
    （C）经纪公司降低了其股票交易的佣金费率
    （D）人们提高了其对通货膨胀的预期值

12. 下列哪种情形将会导致利率水平上升？（　　　）。
    （A）股票市场波动更为剧烈
    （B）厂商对新工厂和新设备投资的盈利前景变得悲观
    （C）社会公众的通货膨胀预期降低
    （D）政府的财政赤字扩大

13. 预期通货膨胀率的提高导致利率水平的提高，这种现象被称为（　　　）。
    （A）流动性效应
    （B）产出效应
    （C）费雪效应
    （D）赤字效应

14. 经济周期性的扩张会导致（　　　）。
    （A）债券需求曲线和债券供给曲线都向右移动
    （B）债券需求曲线和债券供给曲线都向左移动
    （C）债券需求曲线向右移动和债券供给曲线都向左移动
    （D）债券需求曲线向左移动和债券供给曲线都向右移动

15. 在流动性偏好理论框架中，利率是由下列哪项的需求和供给决定的？（　　　）。
    （A）债券
    （B）股票
    （C）产出
    （D）货币

16. 短期内货币供给的增加导致利率水平下降，这种效应是（　　　）。
    （A）收入效应
    （B）流动性效应
    （C）预期通货膨胀效应
    （D）物价效应

17. 物价水平的提高会导致（　　　）。
    （A）货币需求曲线向右移动，利率上升
    （B）货币需求曲线向左移动，利率下降

(C) 货币供给曲线向右移动，利率下降

(D) 货币供给曲线向左移动，利率下降

18. 假设货币供给增长率一次性提高。如果流动性效应小于收入效应、物价效应和预期通货膨胀效应，同时通货膨胀预期调整得很快，那么短期内利率会（　　）。

(A) 保持不变

(B) 上升

(C) 下降

(D) 变得无法预测

19. 假设货币供给增长率一次性提高。如果流动性效应小于收入效应、物价效应和预期通货膨胀效应，那么一段时间后利率会（　　）。

(A) 相较于最初水平保持不变

(B) 相较于最初水平上升

(C) 相较于最初水平下降

(D) 变得无法预测

20. 利率与经济周期的关系，一般表现为（　　）。

(A) 长周期

(B) 短周期

(C) 顺周期

(D) 逆周期

21. 根据利率决定的债券供求分析，市场利率下降时，要么是债券需求_____，要么是债券供给_____。（　　）。

(A) 减少了；减少了

(B) 增加了；减少了

(C) 增加了；增加了

(D) 减少了；增加了

22. 在假设其他因素保持不变的情况下，下列哪一项因素的变动不会导致债券需求曲线的移动？（　　）。

(A) 债券价格

(B) 债券风险

(C) 债券流动性

(D) 预期通货膨胀率

23. 在经济周期扩张阶段，债券需求曲线和供给曲线均会向_____移动，并且一般情况下_____的移动幅度会更大。（　　）。

(A) 右；需求曲线

(B) 右；供给曲线

(C) 左；需求曲线

(D) 左；供给曲线

24. 在假设其他因素保持不变的情况下，经济衰退导致收入降低，造成货币需求

_____, 利率_____。( )。

    (A) 增加；升高

    (B) 增加；降低

    (C) 减少；降低

    (D) 减少：升高

25. 在假设其他因素保持不变的情况下，下列哪一项因素的变动不会导致货币需求曲线的移动?( )。

    (A) 收入上升

    (B) 物价上升

    (C) 货币供给减少

    (D) 收入下降

二、多项选择题

1. 资产需求理论认为，在其他条件不变的情况下 ( )。

    (A) 资产需求量和财富之间存在正相关关系

    (B) 资产需求量和该资产的预期回报率之间存在正相关关系

    (C) 资产需求量和该资产的风险之间存在负相关关系

    (D) 资产需求量和该资产的流动性之间存在正相关关系

    (E) 资产需求量和该资产的市场价格之间存在正相关关系

2. 以下哪些因素可能会影响债券的需求?( )。

    (A) 债券需求者的财富

    (B) 债券的预期收益率

    (C) 预期通货膨胀率

    (D) 债券的风险

    (E) 债券的流动性

3. 在基于债券供求的利率决定模型中，会导致债券需求曲线右移的是 ( )。

    (A) 居民财富增加

    (B) 债券的预期回报率上升

    (C) 预期通货膨胀率上升

    (D) 债券的风险增加

    (E) 债券的流动性提高

4. 以下哪些因素会导致债券供给曲线右移?( )。

    (A) 企业的预期盈利能力上升

    (B) 预期通货膨胀率上升

    (C) 预期通货膨胀率下降

    (D) 政府预算赤字上升

    (E) 政府预算赤字下降

5. 以下关于货币市场供求分析的利率决定理论，正确的是 ( )。

（A）收入水平提高，会导致货币需求增加，货币需求曲线右移，利率上升

（B）价格水平上升，导致货币需求增加，货币需求曲线右移，利率上升

（C）货币供应的增加将使货币供给曲线右移，利率下降

（D）收入水平提高，会导致货币需求增加，货币需求曲线右移，利率下降

（E）价格水平上升，导致货币需求增加，货币需求曲线右移，利率下降

三、判断题

1. 根据资产需求理论，股票市场中预期回报率的上升将会导致债券需求量的降低。

2. 根据资产需求理论，股票市场中收益率波动性的上升将会导致债券需求量的降低。

3. 对于任何一种债券（贴现债券、息票债券）而言，债券价格和利率之间总是存在负相关关系。

4. 如果债券价格低于均衡价格，那么将会出现债券供给过剩和利率升高的情况。

5. 如果债券价格高于均衡价格，会出现债券供过于求从而利率下降的情况。

6. 在利用债券供求曲线分析利率变动时，如果需求曲线右移会导致利率升高。

7. 政府赤字的提高将会导致债券供给曲线向右平移、债券价格降低，并且利率升高。

8. 预期通货膨胀率的提高将会降低每一债券价格水平上的实际回报率，导致债券需求曲线向左移动，债券供给曲线向右移动，债券价格降低而利率提高。

9. 当预期通货膨胀率的提高导致利率随之提高，这就是所谓的费雪效应。

10. 债券风险的提高将会导致债券需求的提高、债券价格的上升和利率的降低。

11. 流动性偏好理论认为，如果其他条件不变而收入水平提高，那么将会导致货币需求曲线向左移动和利率降低。

12. 如果其他条件不变，货币供应量的上升将会导致利率降低。

13. 如果流动性效应低于收入效应、价格效应、预期通货膨胀效应，那么货币供应量增速的提高会最终导致利率水平的上升。

14. 货币供给量改变会导致货币供给曲线位移，也可能导致货币需求曲线位移。

15. 价格水平上升，导致货币需求减少，需求曲线左移。

四、简答题

1. 在资产需求理论中，在选择购买各种资产时，需要考虑哪四方面因素？

2. 如果人们认为未来的利率将会降低，以债券市场为例来解释这一事件形成的影响。

3. 哪些因素会导致债券供给曲线向右平移？

4. 如果预期通货膨胀率降低，以债券市场为例来解释这一事件形成的影响。

5. 什么是费雪效应？利用债券市场供求分析的方法解释费雪效应。

6. 根据流动性偏好理论，如果货币供应量上升而其他条件不变，那么利率将向哪个方向变动？这一变化的名称是什么？

7. 如果中央银行提高了货币供应量增速，在一定时期内利率一定下降吗？

五、计算题

1. 下述信息是关于面值为 1 000 元、1 年期无票息，且持有到期（1 整年）贴现债券的供给和需求情况。计算表中每一价格对应的相应的利率，并在图中绘制其供求情况。

价格/元	需求量/亿元	供给量/亿元	相应的利率
975	100	300	
950	150	250	
925	200	200	
900	250	150	

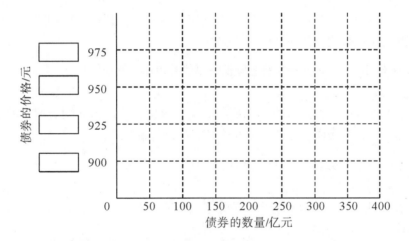

2. 上述债券的均衡价格、利率和需求量各是多少？

3. 如果上述债券的价格是 950 元，请解释该价格不是市场出清价格的原因，并说明该债券的价格和利率向均衡点调整的方式和原因。

4. 如果经济体中财富总量的增长导致对债券需求在每一价格单位上增加 100 亿元，请在图中标示这一变化。新的债券均衡价格、利率和需求量各是多少？

参考答案

一、单项选择题

1. C　　2. C　　3. A　　4. D　　5. D　　6. D　　7. B　　8. A　　9. B

10. C　　11. B　　12. D　　13. C　　14. A　　15. D　　16. B　　17. A　　18. B

19. B　　20. C　　21. B　　22. A　　23. B　　24. C　　25. C

二、多项选择题

1. ABCD   2. ABCDE   3. ABE   4. ABD   5. ABC

三、判断题

1. T   2. F   3. T   4. F   5. F
6. F   7. T   8. T   9. T   10. F
11. F   12. T   13. T   14. T   15. F

四、简答题

1. 在资产需求理论中，在选择购买各种资产时，需要考虑哪四方面因素？
【参考答案】
财富；与其他资产相比，某项资产的预期回报率；与其他资产相比，某项资产的风险；与其他资产相比，某项资产的流动性。

2. 如果人们认为未来的利率将会降低，以债券市场为例来解释这一事件形成的影响。
【参考答案】
未来更低的利率水平意味着未来更高的债券价格，因此当前购买债券的预期回报率上升，债券需求曲线向右移动，债券价格上升，利率下降。

3. 哪些因素会导致债券供给曲线向右平移？
【参考答案】
（1）投资项目的预期盈利能力。公司进行项目投资的预期盈利能力增强，债券供给曲线右移；反之，左移。
（2）预期通货膨胀率。预期通货膨胀率上升，债券供给曲线右移；反之，左移。
（3）政府预算赤字。政府预算赤字增大，债券供给曲线右移；反之，左移。

4. 如果预期通货膨胀率降低，以债券市场为例来解释这一事件形成的影响。
【参考答案】
对于债券需求曲线。如果预期通货膨胀率降低，在其他条件不变的情况下，债券的预期回报率上升，导致债券需求增加，债券需求曲线右移。从而债券价格上升，均衡利率下降。
对于债券供给曲线。如果预期通货膨胀率降低，在其他条件不变的情况下，公司借款的真实成本就会上升，债券供给减少，债券供给曲线左移。从而债券价格上升，均衡利率下降。
总之，如果预期通货膨胀率降低，在其他条件不变的情况下，会导致均衡利率下降。

5. 什么是费雪效应？利用债券市场供求分析的方法解释费雪效应。
【参考答案】
费雪效应是指预期通货膨胀率和利率之间的关系，即：预期通货膨胀率上升，利率也将随之上升。

根据债券市场供求分析可知：预期通货膨胀率上升，将导致债券预期收益下降，推动债券需求曲线向左移动；预期通货膨胀率上升，将导致企业实际融资成本下降，推动给债券供给曲线向右移动。上述变动的结果是导致债券的均衡价格下降，并且均衡利率上升。

6. 根据流动性偏好理论，如果货币供应量上升而其他条件不变，那么利率将向哪个方向变动？这一变化的名称是什么？

【参考答案】

如果货币供应量上升而其他条件不变，那么利率将会下降。

这一变化的名称是流动性效应。

7. 如果中央银行提高了货币供应量增速，在一定时期内利率一定下降吗？

【参考答案】

基于货币供求分析的利率决定理论（流动性偏好理论），中央银行提高货币供应量增速会通过流动性效应、收入效应、物价效应和预期通货膨胀效应对利率产生影响。

流动性效应表明利率应该下降，但是收入效应、物价效应和预期通货膨胀效应都表明利率应该上升，最终利率是上升还是下降要看各种效应的强弱。

五、计算题

1. 下述信息是关于面值为 1 000 元、1 年期无票息，且持有到期（1 整年）贴现债券的供给和需求情况。计算表中每一价格对应的相应的利率，并在图中绘制其供求情况。

【参考答案】

如下表和下图所示：

价格/元	需求量/亿元	供给量/亿元	相应的利率
975	100	300	（1 000－975）/975＝2.6%
950	150	250	（1 000－950）/950＝5.3%
925	200	200	（1 000－925）/925＝8.1%
900	250	150	（1 000－900）/900＝11.1%

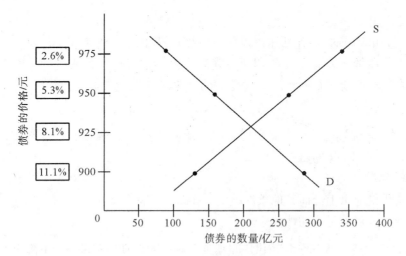

2. 上述债券的均衡价格、利率和需求量各是多少？

【参考答案】

均衡价格为 925 元，利率为 8.1%，需求量为 200 亿元。

3. 如果上述债券的价格是 950 元，请解释该价格不是市场出清价格的原因，并说明该债券的价格和利率向均衡点调整的方式和原因。

【参考答案】

债券价格为 950 元（或利率为 5.3%）时，债券的需求量为 150 亿元，债券的供给量为 250 亿元。债券的过度供给意味着借入的意愿超过贷出的意愿，这会使债券的价格下降至 925 元，相应的利率水平提高至 8.1%。

4. 如果经济体中财富总量的增长导致对债券需求在每一价格单位上增加 100 亿元，请在图中标示这一变化。新的债券均衡价格、利率和需求量各是多少？

【参考答案】

新的债券均衡价格为 950 元，利率为 5.3%，需求量为 250 亿元。

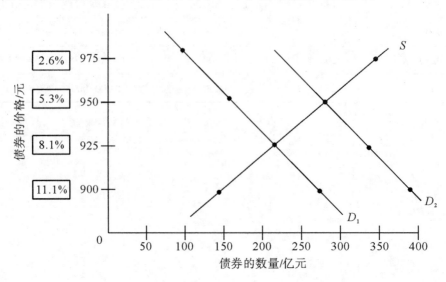

第六章　利率结构理论

第六章　利率结构理论

学习目标

本章主要介绍利率的风险结构和利率的期限结构，深入探讨影响利率的风险因素和期限因素。学完本章，你应该掌握：

- 利率风险结构的定义和影响因素
- 利率期限结构的预期理论
- 利率期限结构的市场分割理论
- 利率期限结构的流动性溢价理论和期限优先理论

本章重点回顾

▷▷　**利率的风险结构**

　　利率风险结构影响因素：违约风险，流动性，税收

▷▷　**利率的期限结构**

　　◎预期理论：理论假定，理论推演与结论

　　◎市场分割理论：理论假定，理论推演与结论

　　◎流动性溢价理论：理论假定，理论推演与结论

　　◎收益率曲线形态与经济走势

习题精练

一、单项选择题

1. 投资者观察到以下两只债券的报价信息，若债券定价是合理的，以下说法正确的是（　　）。

债券名称	面值/元	息票率/%	到期收益率/%	期限/年
甲	100	5	10	5
乙	100	5	6	5

（A）投资者对债券甲要求的风险溢价更高

（B）债券甲的价格高于债券乙的价格

（C）债券甲价格高于 100 元

（D）债券乙价格高于 100 元

2. 在到期期限、息票率、面值和付息频率都相同的情况下，下列哪种债券的价格最低？（　　）。

（A）国债

（B）市政债券

（C）AAA 级企业债券

（D）BBB 级企业债券

3. 向下倾斜的收益率曲线（　　）。

（A）经常出现

（B）意味着投资者更愿意持有长期债券而不愿意持有短期债券

（C）意味着投资者更愿意持有短期债券

（D）意味着人们对未来通货膨胀的预期提高了

4. 我们将期限相同的不同金融工具之间到期收益率的差异称为（　　）。

（A）利率的风险结构

（B）利率的期限结构

（C）利率的信用结构

（D）利率的补偿结构

5. 如果利率期限结构的市场分割理论是正确的，则收益率曲线将会（　　）。

（A）平行于横轴

（B）向上倾斜

（C）向下倾斜

（D）垂直于横轴

6. 假设在接下来的 3 年中，1 年期债券的预期利率分别为 4%，3% 和 2%，由于投资者偏好持有短期债券，假设 1 年期至 3 年期债券的流动性溢价分别为 0%，0.5%，1%，根据流动性溢价理论预测的目前 3 年期债券的利率应该为（　　）。

（A）2%

（B）3%

（C）3.5%

（D）4%

7. 以下理论中，不能解释收益率曲线通常是向上倾斜的是（　　）。

（A）预期理论

（B）市场分割理论

（C）流动性溢价理论

（D）期限优先理论

8. 假设在接下来的 3 年中，1 年期债券的预期利率分别为 2%，3% 和 4%，根据预期理论预测的目前 3 年期债券的利率应该为（　　）。

（A）2%

（B）3%

　　（C）3.5%

　　（D）4%

9. 反转的收益率曲线意味着市场预期利率（　　）。

　　（A）未来保持不变

　　（B）未来上升

　　（C）未来下跌

　　（D）未来随机变动

10. 大萧条期间，信用评级较低的企业债券与国债之间的利差（　　）。

　　（A）大幅减少

　　（B）不变

　　（C）有所减少

　　（D）大幅增加

11. 以下哪项不属于利率风险结构的影响因素？（　　）。

　　（A）流动性

　　（B）违约风险

　　（C）所得税政策

　　（D）到期期限

12. 利率结构的哪种理论不能解释短期利率较高时收益率曲线很可能向下倾斜的事实？（　　）。

　　（A）预期理论

　　（B）市场分割理论

　　（C）流动性溢价理论

　　（D）期限优先理论

13. 下列哪种表述是不正确的？（　　）。

　　（A）如果短期利率较低，收益率曲线通常是反转的

　　（B）如果短期利率较高，收益率曲线通常向下倾斜

　　（C）收益率曲线通常向上倾斜

　　（D）不同到期期限的债券的利率随时间变化呈现相同的波动趋势

14. 如果公司债的风险溢价上升，那么（　　）。

　　（A）公司债和无违约风险债券之间的利差将会提高

　　（B）公司债的价格将会提高

　　（C）无违约风险债券的价格将会下降

　　（D）公司债和无违约风险债券之间的利差将会下降

15. 在风险水平、流动性和税收政策等因素相同的条件下，不同到期期限债券的收益率连线称为（　　）。

　　（A）收益率曲线

　　（B）期限结构曲线

　　（C）风险结构曲线

（D）期限风险曲线

16. 利率期限结构的预期理论是建立在下列哪种假设基础之上的？（　　）。

（A）不同期限的债券之间不存在完全替代关系

（B）不同期限的债券之间存在完全替代关系

（C）人们倾向于持有长期债券，而非持有短期债券

（D）人们倾向于持有短期债券，而非持有长期债券

17. 出现美国市政债券的利率低于美国国债的现象，其原因在于（　　）。

（A）美国市政债券的流动性高于美国国债

（B）美国市政债券无违约风险

（C）持有美国市政债券获得的利息收入免征联邦所得税

（D）美国国债的风险高于美国市政债

18. 根据利率期限结构的流动性溢价理论，平坦的收益率曲线意味着（　　）。

（A）未来短期利率的预期值变动方向难以预测

（B）未来短期利率的预期值将会小幅上升

（C）未来短期利率的预期值将会保持不变

（D）未来短期利率的预期值将会小幅下降

19. 下列利率期限结构的哪种理论是对我们所观察到经验事实所反映的不同期限债券利率之间关系的最有效解释？（　　）。

（A）流动性溢价理论

（B）预期理论

（C）市场分割理论

（D）风险溢价理论

20. 一般情况下，期限相同，下述哪种债券需要支付的利率水平最高？（　　）。

（A）BBB 级公司债

（B）AAA 级市政债

（C）国债

（D）AAA 级公司债

二、多项选择题

1. 利率风险结构的影响因素主要包括（　　）。

（A）流动性

（B）违约风险

（C）所得税政策

（D）到期期限

（E）投资偏好

2. 利率期限结构的哪种理论能够解释短期利率较高时收益率曲线很可能向下倾斜的事实？（　　）。

（A）预期理论

  （B）市场分割理论

  （C）流动性溢价理论

  （D）期限优先理论

  （E）风险结构理论

3. 下列哪种表述是正确的？（ ）。

  （A）如果短期利率较低，收益率曲线通常是反转的

  （B）如果短期利率较高，收益率曲线可能向下倾斜

  （C）收益率曲线通常向上倾斜

  （D）不同到期期限的债券的利率随时间变化呈现相同的波动趋势

  （E）收益率曲线不可能向下倾斜

4. 根据利率风险结构和期限结构理论，债券利率受下列哪些因素影响？（ ）。

  （A）违约风险

  （B）流动性

  （C）税收因素

  （D）债券面值

  （E）债券期限

5. 能较好地解释利率期限结构的理论有（ ）。

  （A）预期理论

  （B）市场分割理论

  （C）流动性溢价理论

  （D）期限优先理论

  （E）流动性偏好理论

三、判断题

1. 国债和企业债之间的利差扩大通常意味着企业的信用风险减小了。

2. 根据流动性溢价理论，翻转的收益率曲线表明预期未来短期利率将急剧下降。

3. 根据流动性溢价理论，平坦的收益率曲线表明预期未来短期利率将小幅下降。

4. 根据预期理论，平坦的收益率曲线意味着人们预期短期利率保持不变。

5. 公司债券的风险溢价通常是顺经济周期的。

6. 1 年期国债和 20 年期国债之间的利差属于风险溢价。

7. 如果公司债券违约情况频发，这时公司债券和国债之间的利差就会扩大。

8. 收益率曲线一定向上倾斜的。

9. 预期理论可以解释收益率曲线通常向上倾斜的事实。

10. 预期理论将金融市场视为整体，强调不同期限债券之间的完全替代性。

11. 市场分割理论可以解释不同期限债券利率往往是同向波动的事实。

12. 市场分割理论强调长期债券和短期债券之间完全不能相互替代。

13. 大萧条期间，低质量的企业债券与国债之间的利差会大幅减少。

14. 流动性溢价理论认为大多数投资者偏好流动性较高的短期债券。

15. 其他条件相同，证券的流动性越高，利率越低。

四、简答题

1. 什么是利率的风险结构？利率的风险结构受哪些因素的影响？
2. 简述利率期限结构的预期理论。
3. 简述利率期限结构的市场分割理论。
4. 简述利率期限结构的流动性溢价理论。
5. 为什么说流动性溢价（期限优先）理论可以看作是预期理论和市场分割理论的综合？
6. 如何通过观察收益率曲线的斜率来判断未来短期利率的短期走势？

五、计算题

1. 假设在接下来的 5 年中，1 年期债券的利率及预期利率分别为 4%、5%、6%、7%、8%，请根据预期理论计算 3 年期债券和 5 年期债券的利率。

2. 假设在接下来 5 年中，1 年期债券的预期利率分别为 5%、6%、7%、8%、9%，投资者偏好持有短期债券，2 年期至 5 年期债券的流动性溢价分别为 0.25%、0.5%、0.75%、1.0%，根据流动性溢价理论计算 2 到 5 年期债券利率。

参考答案

一、单项选择题

1. A	2. D	3. B	4. A	5. B	6. D	7. A	8. B	9. C
10. D	11. D	12. B	13. A	14. A	15. A	16. B	17. C	18. D
19. A	20. A							

二、多项选择题

1. ABC	2. ACD	3. BCD	4. ABCE	5. CD

三、判断题

1. F	2. T	3. T	4. T	5. F
6. F	7. T	8. F	9. F	10. T
11. F	12. T	13. F	14. T	15. T

四、简答题

1. 什么是利率的风险结构？利率的风险结构受哪些因素的影响？

【参考答案】

利率的风险结构考察的是期限相同而风险因素不同的各种信用工具利率之间的关系。

影响因素包括信用工具的违约风险，流动性以及税收等因素。第一，违约风险，证券的违约风险越大，它对投资者的吸引力就越小，因而证券发行者需支付的利率就越高，以弥补购买者所承担的高违约风险。第二，流动性，在其他条件相同的情况下，流动性越高的证券，利率将越低；相反，流动性越低的证券，利率将越高。第三，税收因素，证券持有人真正关心的是税后的实际利率，所以，税率越高的证券，其税前利率也越高。

2. 简述利率期限结构的预期理论。

【参考答案】

前提假定：（1）债券购买者以追求利润最大化为目标，对不同期限的债券之间没有任何特殊的偏好；（2）投资者能对未来利率形成准确的预期并依据预期作出投资选择；（3）整个债券市场是统一的，不同期限的债券之间具有完全的替代性。

结论：债券的长期利率是短期利率的函数。长期债券的利率等于长期债券到期期限内短期利率的平均值。预期理论可以解释不同期限利率随着时间的推移会出现相同的变动特征（事实1），短期利率较低时收益率曲线通常是向上倾斜，短期利率较高时收益率曲线更多是反转的事实（事实2），但无法解释收益率曲线通常是向上倾斜的事实（事实3）。

3. 简述利率期限结构的市场分割理论。

【参考答案】

前提假定：（1）不同期限的债券不能完全替代，不同期限的市场是完全分割、彼此独立的；（2）投资者有偏好的差异，投资者只对特定期限的债券表示出强烈偏好。

结论：每种特定期限债券的利率取决于该债券自身的供求关系。由于人们通常更偏好短期债券，由此可以解释收益率曲线一般向上倾斜的现象（事实1），但对于不同期限利率的同向波动性（事实1）以及收益率曲线可能反转（事实2）等问题却无法解释。

4. 简述利率期限结构的流动性溢价理论。

【参考答案】

前提假定：（1）长短期债券市场既不是完全分割的，也不是完全统一的。（2）具有不同到期期限的债券之间可以相互替代，但不是完全相互替代。由于短期债券的利率风险相对较小，因此投资者往往会偏好短期债券。（3）要让投资者放弃流动性较强的短期债券而持有流动性较差的长期债券，长期债券则要在收益率上对放弃的流动性进行补偿，此即流动性溢价。

结论：长期债券的收益率应是在短期债券收益率和预期短期债券收益率均值之上加上流动性溢价。流动性溢价可完美解释利率期限结构的三个事实。

5. 为什么说流动性溢价（期限优先）理论可以看作是预期理论和市场分割理论的综合？

【参考答案】

预期理论假设不同期限的债券（长短期债券）市场完全统一，可以解释不同期限利率随着时间的推移会出现相同的变动特征（事实1），短期利率较低时收益率曲线通常是向上倾斜，短期利率较高时收益率曲线更多是反转的事实（事实2）。市场分割理论假设长短期债券市场完全分割，互不影响，可以解释收益率曲线通常是向上倾斜的事实（事实3）。流动性溢价理论综合了上两种理论假设不同期限的债券之间是可以相互替代的，但不是完全相互替代，其理论可以解释上述3个事实。

6. 如何通过观察收益率曲线的斜率来判断未来短期利率的预期走势？

【参考答案】

根据利率期限结构理论中的流动性溢价理论：（1）陡峭上升的收益率曲线表明未来短期债券利率预期值将会提高。（2）平稳上升的收益率曲线表明未来短期债券利率预期值上升或者小幅下降。（3）平坦的收益率曲线表明未来短期债券利率预期值将会小幅下降。（4）反转的收益率曲线表明未来短期债券利率预期值将会大幅下降。

五、计算题

1. 假设在接下来的5年中，1年期债券的利率及预期利率分别为4%、5%、6%、7%、8%，请根据预期理论计算3年期债券和5年期债券的利率。

【参考答案】

3年期债券利率：

$$\frac{4\% + 5\% + 6\%}{3} = 5\%$$

5年期债券利率：

$$\frac{4\% + 5\% + 6\% + 7\% + 8\%}{5} = 6\%$$

2. 假设在接下来5年中，1年期债券的预期利率分别为5%、6%、7%、8%、9%，投资者偏好持有短期债券，2年期至5年期债券的流动性溢价分别为0.25%、0.5%、0.75%、1.0%，根据流动性溢价理论计算2到5年期债券利率。

【参考答案】

2年期债券利率：

$$\frac{5\% + 6\%}{2} + 0.25\% = 5.75\%$$

3年期债券利率：

$$\frac{5\% + 6\% + 7\%}{3} + 0.5\% = 6.5\%$$

4 年期债券利率：

$$\frac{5\% + 6\% + 7\% + 8\%}{4} + 0.75\% = 7.25\%$$

5 年期债券利率：

$$\frac{5\% + 6\% + 7\% + 8\% + 9\%}{5} + 1\% = 8\%$$

第七章 汇率、汇率决定理论与汇率制度

学习目标

本章主要介绍外汇和外汇市场的相关概念、汇率的定义与汇率决定理论，以及汇率制度分类与我国的汇率制度。学完本章，你应该掌握：

· 外汇与汇率的定义
· 长期汇率决定理论——购买力平价理论
· 短期汇率决定理论——利率平价理论
· 汇率制度的分类与人民币汇率制度改革历程

本章重点回顾

≫≫ **汇率与汇率标价法**

≫≫ **长期汇率的决定**
◎一价定律与长期汇率决定分析
◎购买力平价理论
◎长期汇率的影响因素

≫≫ **短期汇率的决定**
◎资产需求理论与短期汇率决定分析
◎利率平价理论
◎短期汇率的影响因素

≫≫ **汇率制度**
◎固定汇率制度，浮动汇率制度
◎硬盯住，软盯住，浮动

≫≫ **人民币汇率制度改革**

习题精练

一、单项选择题

1. 广义的外汇指一切用外币表示的（　　　）。
   （A）外国货币
   （B）外国证券
   （C）外国货币和外国资产

（D）外国货币和以外国货币表示的资产

2. 在直接标价法下，汇率以单位_____折算_____的数值来表示，汇率数值的上升说明本币_____。（ ）。

（A）本币；外币；升值

（B）外币；本币；升值

（C）外币；本币；贬值

（D）本币；外币；贬值

3. 一国物价水平上涨，会导致国际收支_____，该国货币_____。（ ）。

（A）逆差；升值

（B）逆差；贬值

（C）顺差；升值

（D）顺差；贬值

4. 人民币兑美元汇率是按哪种标价法计价的？（ ）。

（A）直接标价法

（B）间接标价法

（C）人民币标价法

（D）美元标价法

5. 作为用来清算国际收支差额的金融工具，外汇需要具有哪些特点？（ ）。

（A）普遍接受性

（B）可兑换性

（C）可偿性

（D）以上都正确

6. 以下说法错误的是（ ）。

（A）外汇必须以外币表示

（B）外汇是一种金融资产

（C）只有外币现钞和外币存款才是外汇

（D）外币有价证券属于外汇

7. 在直接标价法下，汇率数值的变动与相应外币价值的变动方向_____，与本币价值的变动方向_____。（ ）。

（A）一致；相反

（B）相反；一致

（C）不相关；不相关

（D）不确定

8. 当前我国人民币实施的汇率制度是（ ）。

（A）固定汇率制

（B）盯住汇率制

（C）弹性汇率制

    （D）有管理浮动汇率制

9. 以下国家或地区中汇率计价采用间接标价法的是（　　）。

    （A）中国和中国香港

    （B）中国和美国

    （C）美国和英国

    （D）美国和中国香港

10. 在间接标价法下，汇率数值增加，说明外币币值（　　）。

    （A）升值

    （B）贬值

    （C）不变

    （D）不确定

11. 其他条件不变，人民币对美元升值时最可能发生（　　）。

    （A）在美国销售的中国衬衫的价格会比原来的价格更便宜

    （B）在美国销售的中国衬衫的价格会比原来的价格更贵

    （C）在中国销售的美国衬衫的价格会比原来的价格更贵

    （D）在中国销售的中国衬衫的价格会比原来的价格更贵

12. 如果运输成本很低，在没有关税和贸易壁垒的情况下，当美元兑人民币汇率为1美元兑7元人民币时，根据一价定律，中国一件价格为70元人民币的衬衫在美国的价格为（　　）。

    （A）70美元

    （B）10美元

    （C）49美元

    （D）490美元

13. 如果中国的一篮子商品价值800元人民币，在美国同样一篮子的商品价值100美元，汇率报价为1美元兑6.6元人民币，则实际汇率为（　　）。

    （A）0.8

    （B）0.825

    （C）1.25

    （D）6.6

14. 如果中国商品在欧洲越来越受欢迎，中国出口到欧洲的商品不断增加，则在长期内（　　）。

    （A）在中国的欧洲商品越来越贵

    （B）在欧洲的中国商品越来越便宜

    （C）欧元兑人民币的汇率上升

    （D）人民币对欧元升值

15. 浮动汇率制下，汇率是由_____决定。（　　）

    （A）货币含金量

    （B）金融监管

　　（C）中央银行
　　（D）外汇市场供求

16. 根据利率平价理论（并采用直接标价法），本国利率上升将导致 R^D 曲线_____，本国货币_____。（　　）。
　　（A）左移；升值
　　（B）右移；升值
　　（C）左移；贬值
　　（D）右移；贬值

17. 根据利率平价理论（并采用直接标价法），外国利率上升将导致 R^F 曲线_____，本国货币_____。（　　）。
　　（A）左移；升值
　　（B）右移；升值
　　（C）左移；贬值
　　（D）右移；贬值

18. 根据利率平价理论（并采用直接标价法），如果预期未来本币升值，这将导致 R^F 曲线_____，本国货币_____。（　　）。
　　（A）左移；升值
　　（B）右移；升值
　　（C）左移；贬值
　　（D）右移；贬值

19. 根据短期汇率决定的供求分析法（采用间接标价法），本国利率下降将导致本国资产需求曲线_____，本国货币_____。（　　）。
　　（A）左移；升值
　　（B）右移；升值
　　（C）左移；贬值
　　（D）右移；贬值

20. 根据短期汇率决定的供求分析法（采用间接标价法），如果预期未来本币升值，这将导致本国资产需求曲线_____，本国货币_____。（　　）。
　　（A）左移；升值
　　（B）右移；升值
　　（C）左移；贬值
　　（D）右移；贬值

二、多项选择题

1. 根据我国对外汇的界定，以下属于外汇的是（　　）。
　　（A）外币现钞
　　（B）外币支付凭证或者支付工具
　　（C）外币有价证券

(D) 特别提款权

(E) 黄金

2. 关于直接标价法和间接标价法，以下表述正确的是（　　）。

　　(A) 在直接标价法下，数值越大表示本币贬值

　　(B) 在间接标价法下，数值越大表示外币贬值

　　(C) 在直接标价法下，数值越大表示外币升值

　　(D) 在间接标价法下，数值越大表示本币升值

　　(E) 我国使用的是直接标价法

3. 以下哪些因素的变动会导致本币升值？（　　）。

　　(A) 国外价格水平上升

　　(B) 国外对本国商品的偏好增加

　　(C) 国外关税上升

　　(D) 国外生产率提高

　　(E) 国外配额增加

4. 根据利率平价理论，以下哪些因素的变动会导致本币升值？（　　）。

　　(A) 外国加息

　　(B) 本国加息

　　(C) 外国降息

　　(D) 本国降息

　　(E) 预期本币未来升值

5. 国际货币组织于2009年定义了三大类汇率制度，分别为（　　）。

　　(A) 固定

　　(B) 浮动

　　(C) 硬钉住

　　(D) 软钉住

　　(E) 爬行

6. 长期汇率的影响因素有：（　　）。

　　(A) 劳动生产率

　　(B) 本国和外国的利率水平

　　(C) 贸易壁垒

　　(D) 对本国和外国商品的偏好

　　(E) 相对物价水平

7. 根据购买力平价理论，以下哪些情况会导致人民币相对于美元升值？（　　）。

　　(A) 美国发生了显著的通胀

　　(B) 美国对我国产品征收高关税

　　(C) 美国对我国产品设置贸易壁垒

　　(D) 我国对美国产品偏好增强

　　(E) 我国生产率水平大幅提升

三、判断题

1. 预期本国未来生产率上升将导致本国货币升值。
2. 外币有价证券不属于广义外汇的范畴。
3. 外汇的交易都是在交易所完成。
4. 人民币汇率的计价方式采用间接标价法。
5. 美元汇率的计价方式采用间接标价法。
6. 在直接标价法下，本币升值表现为汇率上升。
7. 商业银行从客户手中买入现钞的价格通常高于买入现汇的价格。
8. 一价定律认为在没有贸易壁垒、极低运输成本和市场完全竞争的情况下，完全同质的商品在两国的售价应该相同。
9. 在购买力平价的理论框架下，实际汇率应当在长期等于1。
10. 购买力平价理论可以充分解释短期汇率变动的原因。
11. 在直接标价法下，一国相对生产率的提高将导致该国货币汇率数值上升。
12. 在间接标价法下，提高对外国商品的贸易限制将导致本国货币汇率数值上升。
13. 国内名义利率的上升一定导致本国货币升值。
14. 外国实际利率的上升将导致本国货币升值。
15. 预期国内未来通胀率上升将导致本国货币贬值。

四、简答题

1. 作为清算国际收支差额的金融工具，外汇需要具有哪些特点？
2. 请阐述购买力平价理论的假设、结论和局限性。
3. 请问长期汇率的影响因素有哪些？
4. 请问短期汇率的影响因素有哪些？
5. 分析以下情况将导致该国货币汇率如何变化：（1）该国货币供给量增加；（2）该国遭遇经济危机，金融资产风险增加；（3）预期本币未来贬值。
6. 简述布雷顿森林体系下的汇率制度要点。

五、计算题

1. 假设美元兑人民币汇率为每美元6.6元人民币，请问：
（1）每人民币兑美元多少？
（2）直接标价法下，如果人民币相对美元升值5%，人民币汇率是多少？
2. 假设中国的一篮子商品的价格为1 000元人民币，美国的同样一篮子商品价格为150美元，请计算：
（1）如果一价定律成立，人民币兑美元的汇率应该为多少？
（2）如果人民币兑美元的名义汇率为每美元6.6元人民币，请计算实际汇率。

参考答案

一、单项选择题

1. D   2. C   3. B   4. A   5. D   6. C   7. A   8. D   9. C
10. B   11. B   12. B   13. B   14. D   15. D   16. B   17. D   18. A
19. C   20. B

二、多项选择题

1. ABCD   2. ABCDE   3. ABE   4. BCE   5. BCD
6. ACDE   7. AE

三、判断题

1. T   2. F   3. F   4. F   5. T
6. F   7. F   8. T   9. T   10. F
11. F   12. T   13. F   14. F   15. T

四、简答题

1. 作为清算国际收支差额的金融工具，外汇需要具有哪些特点？

【参考答案】

应具有如下特点：（1）普遍接受性，即该外币及外币资产的价值在国际间被广泛接受和认可；（2）可兑换性，即该外汇可自由兑换为其他外币资产；（3）可偿性，即外汇资产可确保得到其发行国的偿付。

2. 请阐述购买力平价理论的假设、结论和局限性。

【参考答案】

假设：商品完全同质化、极低运输成本、没有贸易壁垒。

结论：两国的汇率水平由两国货币的相对购买力决定，即购买力之比。而货币的购买力与物价水平互为倒数，因此两国的汇率水平由两国的物价水平之比决定。

局限性：购买力平价理论的假设较为理想。很多商品例如技术密集型产品在存在技术壁垒的情况下具有明显差异化；很多商品例如不可贸易品的运输成本极高；没有关税和贸易壁垒的假设不符合实际。

3. 请问长期汇率的影响因素有哪些？

【参考答案】

相对物价水平，本国相对于外国的物价水平上升将导致本币贬值；贸易壁垒，本国相对于外国的贸易壁垒提高将导致本币升值；对国内外商品的偏好，本国对外国商品的偏好提高将导致本币贬值；生产率，本国相对于外国的生产率提高将导致本币升值。

4. 请问短期汇率的影响因素有哪些？

【参考答案】

国内利率，国内利率上升则本币升值；国外利率，国外利率上升则本币贬值；预期未来汇率水平，预期未来本币升值则本币当前就会升值。进一步的，预期未来汇率水平受以下因素影响：预期本国相对外国的价格水平，预期本国相对外国的贸易壁垒，预期本国对外国商品的偏好，预期本国相对外国的生产率。

5. 分析以下情况将导致该国货币汇率如何变化：（1）该国货币供给量增加；（2）该国遭遇经济危机，金融资产风险增加；（3）预期本币未来贬值。

【参考答案】

（1）本币贬值；（2）本币贬值；（3）本币贬值

6. 简述布雷顿森林体系下的汇率制度要点。

【参考答案】

布雷顿森林货币体系是指"二战"后以美元为中心的国际货币体系，其要点包括：（1）双挂钩：美元与黄金挂钩，其他国家货币与美元挂钩。（2）维持汇率稳定，实行可调整的固定汇率。布雷顿森林体系对国际金融市场的稳定以及战后西方经济的复苏起到了一定的作用，但该货币体系的运转与美元的信誉和地位密切相关，存在特里芬难题，于 1973 年崩溃。

五、计算题

1. 假设美元兑人民币汇率为每美元 6.6 元人民币，请问：

（1）每人民币兑多少美元？

【参考答案】

每人民币兑美元 = 1/6.6 = 0.152（美元/人民币）

（2）直接标价法下，如果人民币相对美元升值 5%，人民币汇率是多少？

【参考答案】

人民币相对美元升值 5%，则：

每人民币兑美元 = 0.152 ×（1 + 5%）= 0.16（美元/人民币）

直接标价法下人民币汇率 = 1/0.16 = 6.25（人民币/美元）

2. 假设中国的一篮子商品的价格为 1 000 元人民币，美国的同样一篮子商品价格为 150 美元，请计算：

（1）如果一价定律成立，人民币兑美元的汇率应该为多少？

【参考答案】

人民币兑美元的汇率 = 1 000/150 = 6.67（人民币/美元）

（2）如果人民币兑美元的名义汇率为每美元 6.6 元人民币，请计算实际汇率。

【参考答案】

实际汇率计算如下：

$$RER = \frac{P^* \times NER}{P} = \frac{150 \times 6.6}{1\ 000} = 0.99$$

第八章　股票市场与有效市场假说

　　本章主要介绍股票估值模型和股票市场的定价机制，以及理性预期理论和有效市场假说。学完本章，你应该掌握：

- ·普通股和优先股的区别
- ·股票发行制度、发行方式、股份变动以及股票价格指数
- ·股票估值模型
- ·股票市场定价机制
- ·理性预期理论和有效市场假说

本章重点回顾

- ▶▶ **股票相关概念**
  - ◎普通股和优点股；股票发行制度、发行方式以及股份变动
- ▶▶ **股票估值模型**
  - ◎单期估值模型；推广的股利估值模型；戈登增长模型
- ▶▶ **股票市场的定价机制**
  - ◎从拍卖竞价的视角理解股价的确定及理解信息如何影响股价变动
- ▶▶ **理性预期理论**
- ▶▶ **有效市场假说及三种形式**
  - ◎有效市场假说的描述和有效市场的实现机制
  - ◎弱式有效市场假说；半强式有效市场假说；强式有效市场假说

习题精练

一、单项选择题

1. 以下不属于普通股特征的是（　　　）。
   - （A）具有表决权
   - （B）优先认购新股
   - （C）享受固定股息
   - （D）参与红利分配
2. 以下属于普通股特征的是（　　　）。

   （A）盈余分配优先
   （B）剩余资产分配优先
   （C）股息领取顺序优先
   （D）认购新股优先

3. 以下不属于优先股特征的是（　　）。
   （A）盈余分配优先
   （B）表决优先
   （C）剩余资产分配优先
   （D）股息固定

4. 根据股票定价的单期估值模型，如果权益投资要求回报率为10%，一只股票每年股利1元，预期明年可以以21元卖出，那么这只股票现在值多少钱？（　　）。
   （A）10元
   （B）20元
   （C）21元
   （D）22元

5. 根据股票定价的戈登增长模型，在其他条件都相同的情况下，如果权益投资的要求回报率提高，股票价格应该（　　）。
   （A）上升
   （B）下降
   （C）不受影响
   （D）上升或下降，因为股票价格是不可预测的

6. 假设中央银行采用扩张性货币政策，降低利息率。下面哪个说法最恰当地描述了这一事件对股票市场的影响？（　　）。
   （A）权益投资的要求回报率会降低，股利增长率会提高，股价会上涨
   （B）权益投资的要求回报率会提高，股利增长率会降低，股价会下跌
   （C）权益投资的要求回报率会降低，股利增长率会降低，股价会下跌
   （D）权益投资的要求回报率会降低，股利增长率会降低，股价会上升

7. 关于资产定价，以下哪种说法是正确的？（　　）。
   （A）价格是由愿意支付最高价格的购买者确定的
   （B）价格是由该资产使用效率最高的购买者确定的
   （C）在其他条件相同的情况下，价格由拥有最完全信息的购买者确定
   （D）以上表述都正确

8. 认为预期仅仅是在过去经验事实的基础上形成的是（　　）。
   （A）适应性预期
   （B）完美预期
   （C）理性预期
   （D）有效预期

9. 在过去4年里，利率始终保持在5%。现在由于美国经济进入衰退，美联储主席

宣布实施目标利率为3%的扩张性货币政策。而你预期未来一年的利率还将会是5%。这个例子涉及的理论是（   ）。

　　（A）适应性预期

　　（B）基本面预期

　　（C）理性预期

　　（D）预测性预期

10. 有效市场假说是哪种理论的应用？（   ）。

　　（A）适应性预期

　　（B）完美预期

　　（C）理性预期

　　（D）有效预期

11. 关于理性预期的下列说法哪种是正确的？（   ）。

　　（A）理性预期与适应性预期是一样的

　　（B）理性预期的结果总是精确的

　　（C）理性预期结果与最优预测结果相一致

　　（D）以上说法全部都是正确的

12. 对"最优预测"最好的定义是（   ）。

　　（A）准确预测

　　（B）使用所有可得信息的最佳预测

　　（C）实际结果

　　（D）根据变量的历史数值对该变量做出的最可能的预测

13. 在证券市场，未利用的盈利机会（   ）。

　　（A）是可以恒久存在的

　　（B）可以帮助投资者持久获得高额收益

　　（C）很快会被套利消除

　　（D）以上说法都不对

14. 关于有效市场，以下哪种说法不属实？（   ）。

　　（A）证券价格反映了所有可以利用的信息

　　（B）聪明钱消除了未利用的投资机会

　　（C）市场中每个人都掌握全部的信息

　　（D）最先得到新消息的投资者可能得到超额回报

15. 如果公众预计某家公司本季度每股会损失5元，而实际只损失了4元，这依然是这家公司历史上最大的损失，那么当公司公告发生4元损失的时候，根据有效市场假说，公司的股票价格会出现哪种变化？（   ）。

　　（A）上升

　　（B）下降

　　（C）不变

　　（D）先上升后下降

16. 以下哪种信息不属于半强式有效市场信息集？（　　）。
    （A）历史价格信息
    （B）公开可得的信息
    （C）内幕信息
    （D）历史交易量信息

17. 对已知信息的正式公告（　　）。
    （A）产生未利用的盈利机会
    （B）改善对股价的预测
    （C）降低股票回报率
    （D）无法影响股票价格

18. 在半强势有效市场，为了获得异常的高额收益，投资者需要（　　）。
    （A）阅读很多股票分析师公开发布的报告
    （B）买入历史业绩非常好的共同基金
    （C）比其他市场参与者拥有更好的内幕信息
    （D）以上皆是

19. 行为金融的研究表明（　　）。
    （A）投资者往往是过度自信的，他们交易过度频繁
    （B）羊群行为可能导致市场行为的趋同，导致股票价格崩盘
    （C）投资者通常是损失厌恶的，很少进行做空交易
    （D）以上皆是

20. 五粮液公司宣布当年利润为180亿元。基于该新闻，公司股价立刻下跌。这很可能是（　　）。
    （A）公告前的股价反映了更高的盈利预期
    （B）预期不是理性的
    （C）市场不是有效的
    （D）公告前的股价没有反映任何预期

二、多项选择题

1. 普通股的特点包括（　　）。
    （A）股利不稳定
    （B）具有对公司剩余财产的分配权
    （C）拥有发言权和表决权
    （D）拥有赎回权
    （E）拥有优先认购权

2. 优先股的特点包括（　　）。
    （A）股利固定
    （B）优先的盈余分配权
    （C）优先的剩余资产分配权

（D）拥有发言权和表决权

（E）拥有优先认购权

3. 关于资产价格的确定，以下描述正确的有（　　）。

（A）价格是由愿意出具最低价格的购买者来确定的

（B）价格是由愿意出具最高价格的购买者来确定的

（C）价格是由资产使用效率最低的购买者来确定的

（D）价格是由资产使用效率最高的购买者来确定的

（E）信息在资产定价过程中发挥了重要的作用

4. 关于理性预期理论，以下描述正确的有（　　）。

（A）预期结果与使用所有可得信息得到的最优预测结果相一致

（B）预期结果完全精确

（C）预期结果的预测误差平均值为零

（D）预期结果的预测误差无法事先预知

（E）预期结果的形成方式会因经济变量运行方式的改变而改变

5. 有效市场有哪几种不同层次的有效形式?（　　）。

（A）弱式有效市场

（B）半弱式有效市场

（C）强式有效市场

（D）半强式有效市场

（E）完全有效市场

三、判断题

1. 优先股股息的领取和普通股一样，是不固定的。

2. 在破产清算的时候，优先股的清偿顺序优先于债券。

3. 在一般事务中，普通股的表决权是低于优先股的。

4. 股票的价值等于未来一系列现金流的贴现值。

5. 在其他条件都相同的情况下，如果人们降低了对权益投资的要求回报率，股票价格会降低。

6. 在其他条件都相同的情况下，公司的股利增长率上升了，股票的价格会降低。

7. 根据股票定价的戈登增长模型，加息的货币政策会通过提高权益投资的要求收益率，降低红利增长率的方式使股票价格下降。

8. 适应性预期认为预期仅仅是在过去经验事实的基础上形成的。

9. 理性预期是完全准确的预期。

10. 理性预期的预测误差均值为零且为不可预测的。

11. 注册制是市场化程度较低的股票市场普遍采用的一种发行制度。

12. 有效市场假说表明，金融分析师发布的报告能够帮助投资者利用这些信息战胜市场。

13. 根据有效市场假说，只有当公布的信息是新的和未预期到的，股票价格才会对公告做出反应。

14. 如果市场是弱式有效的，那么基本面分析失效。

15. 在强式有效市场中，只有内幕消息能够获得超额收益。

四、简答题

1. 简述普通股与优先股的概念，并分析它们的特点。

2. 根据戈登增长模型，货币政策（以降息为例）是怎样影响股票价格的？

3. 如果市场有效性假说的强式版本是真实情况的话，股价能够被预测吗？解释你的答案。

4. 李雷对 A 公司的估价是每股 50 元，韩梅梅的估价是每股 55 元，张帅的估价为每股 60 元，通过自由市场拍卖，谁会购得 A 公司的股票？为什么？A 公司股票的市场价格范围是什么？解释你的答案。

5. 根据理性预期理论，好消息发布时总能促使股票价格上涨吗？

6. 有效市场假说是由哪位学者提出的？请简述有效市场的三种层次及其含义。

五、计算题

1. 某股票每年的股利为每股 1 元，你预期 2 年后该股票的售价为 20 元，如果你要求收益率为 15%，请计算该股票的价格。

2. 某投资者购买一只股票，购买时市场价格为 50 元，如果每年预期能得到股息为 6 元，那么，在要求的收益率为 10% 时，试问该股票的市场价格应该为多少元？

3. 在经过一番仔细分析之后，你发现一家公司的股票股利在可预见的未来时期内平均增长率为 7%，该公司最近一期支付股利为 3 元，如果你的要求收益率为 18%，请计算该股票的当期价格。

参考答案

一、单项选择题

1. C	2. D	3. B	4. B	5. B	6. A	7. D	8. A	9. A
10. C	11. C	12. B	13. C	14. C	15. A	16. C	17. D	18. C
19. D	20. A							

二、多项选择题

1. ABCE   2. ABC   3. BDE   4. ACDE   5. ACD

三、判断题

1. F	2. F	3. F	4. T	5. F
6. F	7. T	8. T	9. F	10. T
11. F	12. F	13. T	14. F	15. F

四、简答题

1. 简述普通股与优先股的概念，并分析它们的特点。

【参考答案】

普通股是股份公司资本构成中最普通、最基本的股票形式，是指其投资收益（股利）随企业利润变动而变动的一种股份。公司的经营业绩好，普通股的收益就高；反之，收益就低。因此，普通股也是风险最大的一种股份。普通股的特点可以概括如下：第一，股利不稳定。第二，具有对公司剩余财产的分配权。第三，拥有发言权和表决权。第四，拥有优先认购权。

优先股一般是公司成立后为筹集新的追加资本而发行的证券，是指优先于普通股分红并领取固定股息的一种股票形式。相对于普通而言，其主要特点如下：第一，股息固定。第二，优先的盈余分配权及剩余资产分配权。第三，一般来说无表决和发言权。第四，不享有优先认股权。

2. 根据戈登增长模型，货币政策是怎样影响股票价格的？

【参考答案】

根据戈登增长模型：

$$P_0 = \frac{D_1}{k_e - g}$$

我们假定中国人民银行开始实施扩张性的货币政策以刺激经济，货币政策可以通过两条途径影响股票价格：

第一，当中国人民银行实施扩张性货币政策时，利率水平会降低，债券及类似金融工具的收益率随之下降。对于股票，投资者也将会愿意接受更低的股权投资要求收益率（k_e）。由公式可知，由于分母减小，从而可以得到更大的 P_0，股票价格上升。

第二，扩张性货币政策能够刺激经济，公司业绩一般会得到一定提升，因此公司的股利增长率 g 通常会更高一些。由公式可知，股利增长率 g 的提高同样导致分母减小，从而可以得到更大的 P_0，股票价格上升。

3. 如果市场有效性假说的强式版本是真实情况的话，股价能够被预测吗？解释你的答案。

【参考答案】

不能，在强式有效市场中，股价瞬间反映了所有的信息，不存在被预测的空间和时间。

4. 李雷对 A 公司的估价是每股 50 元，韩梅梅的估价是每股 55 元，张帅的估价为每股 60 元，通过自由市场拍卖，谁会购得 A 公司的股票？为什么？A 公司股票的市场价格范围是什么？解释你的答案。

【参考答案】

最后张帅会购得股票。因为他出价最高。A 公司的市场价格范围是高于 55 元，不高于 60 元。

5. 根据理性预期理论，好消息发布时总能促使股票价格上涨吗？

【参考答案】

不一定。

根据理性预期理论，人们会最大限度地充分利用全部可得信息来获得最优的预测结果，并反映在股价上。也即是说，好消息未发布前，人们会根据所有可得信息做出预期并反映在股价上。好消息发布时，若预期不足，股价可能上升；但若预期过度，股价也可能下跌。

6. 有效市场假说是由哪位学者提出的？请简述有效市场的三种层次及其含义。

【参考答案】

尤金·法玛。

弱式有效市场：证券价格已充分反映所有的历史信息，包括股票的成交价、成交量，卖空金额、融资金额等。弱式有效市场意味着股价中已经包含了所有过去的价格信息，因此，基于过去价格所进行的技术分析失效。

半强式有效市场：证券价格反映了所有公开可得的信息，包括公布的财务报表和历史价格信息。当处于半强式有效市场中的时候，基于证券价格的技术分析和基于财务信息等公开信息所进行的基本面分析将失效。

强式有效市场：证券价格反映了所有信息，包括公开的和内幕的。当市场属于强式有效的时候，没有任何方法能帮助投资者获得超额利润，即使有内幕消息者也一样。

五、计算题

1. 某股票每年的股利为每股 1 元，你预期 2 年后该股票的售价为 20 元，如果你要求收益率为 15%，请计算该股票的价格。

【参考答案】

根据股票估值模型：

$$P_0 = \frac{D_1}{1+k_e} + \frac{D_2}{(1+k_e)^2} + \frac{P_2}{(1+k_e)^2}$$

即有，

$$P_0 = \frac{1}{1+0.15} + \frac{1}{(1+0.15)^2} + \frac{20}{(1+0.15)^2} = 16.75(元)$$

2. 某投资者购买一只股票，购买时市场价格为 50 元，如果每年预期能得到股息为 6 元，那么，在要求的收益率为 10% 时，试问该股票的市场价格应该为多少元？

【参考答案】

$$P_0 = \frac{D_1}{(1 + k_e)} + \frac{D_1}{(1 + k_e)^2} + \cdots = \frac{D_1}{k_e} = \frac{6}{10\%} = 60(\text{元})$$

3. 在经过一番仔细分析之后，你发现一家公司的股票股利在可预见的未来时期内平均增长率为7%，该公司最近一期支付股利为3元，如果你的要求收益率为18%，请计算该股票的当期价格。

【参考答案】

根据戈登增长模型：

$$P_0 = \frac{D_0 \times (1 + g)}{k_e - g}$$

即有，

$$P_0 = \frac{3(1 + 7\%)}{18\% - 7\%} = 29.18(\text{元})$$

第九章　金融衍生工具

学习目标

本章主要介绍远期、期货、期权和互换这四种金融衍生工具，学完本章，你应该掌握：
- 金融衍生工具的概念
- 什么是远期、期货、期权和互换，以及各自的特点和种类等

本章重点回顾

▷▷ **金融衍生工具的避险与投机功能**

▷▷ **远期**

◎远期合约的特点

◎远期合约的损益

◎远期利率协议和远期外汇协议

▷▷ **期货**

◎期货的特点

◎期货市场的功能

▷▷ **期权**

◎期权的分类

◎买卖双方的损益

▷▷ **互换**

利率互换；货币互换

习题精练

一、单项选择题

1. 关于远期和期货，下列哪项说法是不正确的？（　　　）。

（A）远期合约存在交易对手可能不履行交易合约的风险

（B）期货合约克服了远期合约缺乏流动性的缺点

（C）远期合约无固定的交易场所

（D）期货合约不是标准化的合约

2. 一种赋予买方在一定时间内，按照执行价格卖出某一标的资产的权利的合约是（　　）。
   （A）出售期权
   （B）对冲期权
   （C）看跌期权
   （D）看涨期权

3. 在到期日前都可以选择执行的期权是（　　）。
   （A）看涨期权
   （B）欧式期权
   （C）看跌期权
   （D）美式期权

4. 这是一种可以用来管理利率风险的金融衍生工具，合约一方需要跟另一方定期交换利率的支付，这种工具是（　　）。
   （A）利率远期
   （B）利率互换
   （C）利率期权
   （D）利率期货

5. 关于期权，下列说法哪项是正确的？（　　）。
   （A）如果期权的买方选择不执行合约，期权的卖方也必须执行合约
   （B）如果期权的买方选择执行合约，期权的卖方必须执行合约
   （C）期权的买方必须执行合约
   （D）如果期权的买方选择执行合约，期权的卖方可以选择不执行合约

6. 以下不属于期货合约特点的是（　　）。
   （A）是标准化合约
   （B）保证金与逐日结算
   （C）无法克服违约风险
   （D）在指定的交易所内交易

7. 按照期权赋予买方的权利不同，可分为（　　）。
   （A）欧式期权和美式期权
   （B）看涨期权和看跌期权
   （C）实值期权和虚值期权
   （D）现货期权和期货期权

8. 金融市场中，对冲风险的一项基本方法是（　　）。
   （A）用宏观避险来冲销微观避险
   （B）持有额外的空头来冲销多头或持有额外的多头来冲销空头
   （C）用期权冲销互换
   （D）持有额外的期货头寸冲销远期头寸

9. 在金融期货合约的到期日，合约的价格（　　）。

　　（A）等于待交割基础资产的价格

　　（B）等于待交割基础资产的面值

　　（C）等于执行价格

　　（D）等于互换价格

10. 当投资者签订在将来某一时刻按照现在约定的价格买入一种证券的交易，则可以说其（　　　）。

　　（A）参与了套利交易

　　（B）参与了互换交易

　　（C）持有多头头寸

　　（D）持有空头头寸

11. 以下哪种情况下看涨期权处于实值状态？（　　　）。

　　（A）期权的价格高于执行价格

　　（B）期权的价格低于执行价格

　　（C）标的资产的市场价格高于执行价格

　　（D）标的资产的市场价格低于执行价格

12. 如果你购买了面值为 10 000 元的长期国债的看跌期权，期权费为 100 元，执行价格是 10 300 元，下月月底到期，若下月月底时国债的价格为 10 100 元，则你将（　　　）。

　　（A）不执行期权

　　（B）执行期权，获利 100 元

　　（C）执行期权，获利 200 元

　　（D）执行期权，获利 300 元

13. 如果你购买了面值为 10 000 元的长期国债的看涨期权，期权费为 100 元，执行价格是 10 100 元，下月月底到期，若下月月底时国债的价格为 10 300 元，则你将（　　　）。

　　（A）不执行期权

　　（B）执行期权，获利 100 元

　　（C）执行期权，获利 200 元

　　（D）执行期权，获利 300 元

14. 其他条件相同，下列哪项关于期货期权合约的阐述是正确的？（　　　）。

　　（A）距离到期日越近，看涨期权的期权费越高

　　（B）距离到期日越近，看跌期权的期权费越高

　　（C）执行价格越高，看跌期权的期权费越高

　　（D）基础资产的价格波动越小，期权费越高

15. 以下哪种情况下看跌期权处于虚值状态？（　　　）。

　　（A）期权的价格高于执行价格

　　（B）期权的价格低于执行价格

　　（C）标的资产的市场价格高于执行价格

（D）标的资产的市场价格低于执行价格

二、多项选择题

1. 远期合约具有哪些特点？（　　）。
   （A）非标准化合约
   （B）合约流动性差
   （C）合约信用风险大
   （D）合约在交易所交易
   （E）合约采用逐日结算制度

2. 期货合约具有哪些特点？（　　）。
   （A）标准化合约
   （B）合约采用保证金制度
   （C）合约信用风险大
   （D）合约在交易所交易
   （E）合约采用逐日结算制度

3. 以下哪些情况下期权处于实值状态？（　　）。
   （A）看涨期权标的资产的市场价格高于执行价格
   （B）看涨期权标的资产的市场价格低于执行价格
   （C）看涨期权标的价格高于看跌期权的价格
   （D）看跌期权标的资产的市场价格高于执行价格
   （E）看跌期权标的资产的市场价格低于执行价格

4. 以下哪些情况下期权处于虚值状态？（　　）。
   （A）看涨期权标的资产的市场价格高于执行价格
   （B）看涨期权标的资产的市场价格低于执行价格
   （C）看涨期权标的价格低于看跌期权的价格
   （D）看跌期权标的资产的市场价格高于执行价格
   （E）看跌期权标的资产的市场价格低于执行价格

5. 按照买方执行期权时限的不同，金融期权可划分为（　　）。
   （A）看涨期权
   （B）看跌期权
   （C）百慕大期权
   （D）美式期权
   （E）欧式期权

6. 金融期权的主要特征有（　　）。
   （A）交易的是买卖某种金融资产权利
   （B）买方无须交纳保证金
   （C）买卖双方均无须支付标的物的全部价格
   （D）只有买入方才支付期权费

（E）期权的买入方资金损失风险可以锁定

三、判断题

1. 远期合约是一种非标准化的合约，流动性相对较低。

2. 购买期货无须缴纳保证金。

3. 看涨期权赋予了期权购买者在一定期限内以约定价格出售一项证券的权利。

4. 投资者可以通过购入额外的多头头寸来冲销一项多头头寸以减少风险。

5. 远期利率合约可以对冲利率风险，但合约缺乏流动性且有违约风险。

6. 在金融期货合约资产的到期日，合约的价格和待交割的基础资产的价格相等。

7. 货币互换是指将一种货币按一定汇率兑换为另一种货币。

8. 与远期合约不同，期货合约可以在交割日或到期日前进行交易。

9. 其他条件不变，基础金融工具的价格波动性越大，看涨期权和看跌期权的期权费就越低。

10. 期权合约的购买者，可能的最大损失是购买合约时支付的期权费。

11. 其他条件不变，执行价格越高，看跌期权的期权费越低。

12. 如果金融机构售出某项资产，并约定在未来某日交割，就称持有空头。

13. 相比于期货合约，远期合约的信用风险较低。

14. 远期合约采用保证金与逐日结算制度。

15. 美式期权规定只有在合约到期日才可以执行期权。

四、简答题

1. 金融衍生工具的主要种类有哪些？简述它们的区别。

2. 如何理解金融衍生工具的高杠杆性？

3. 期货合约与远期合约本质上相同，但也有差异，请解释。

4. 请说明保证金和逐日结算制度是如何使期货交易者免于违约的。

5. 期货市场的主要功能有哪些？

6. 什么是看涨期权和看跌期权？

7. 解释期权的实值、平值与虚值状态。

参考答案

一、单项选择题

1. D   2. C   3. D   4. B   5. B   6. C   7. B   8. B   9. A

10. C   11. C   12. B   13. B   14. C   15. C

二、多项选择题

1. ABC	2. ABDE	3. AE	4. BD	5. CDE

三、判断题

1. T	2. F	3. F	4. F	5. T
6. T	7. F	8. T	9. F	10. T
11. F	12. T	13. F	14. F	15. F

四、简答题

1. 金融衍生工具的主要种类有哪些？简述它们的区别。

【参考答案】

常见的金融衍生工具有远期、期货、互换和期权等。

远期和期货非常类似，都是在合约到期时以交割价格买卖一定数量标的资产的义务型合约。但远期合约是非标准化的衍生品，在场外市场交易；期货合约是标准化产品，在场内市场交易。两者由于在不同市场进行交易，其交易制度以及面临的风险也存在区别。

互换合约也是义务型合约，它可以看作是一系列远期合约的组合。互换合约也在场外市场交易。

期权合约和前面三种产品不同，是权钱交易，即多头方支付了期权费之后获得以执行价格买入或卖出标的资产的权利，空头方获取了期权费之后，面临或有义务。期权合约在场外和场内市场均有交易。

2. 如何理解金融衍生工具的高杠杆性？

【参考答案】

金融衍生工具通常采用保证金交易的方式进行，只要求很少的初始投资额（即保证金），但是却可以进行总金额相当于保证金几倍、几十倍甚至上百倍的标的资产的交易。因此在金融衍生市场，参与者只需要动用少量的资金就可以完成现货市场上需要巨额资金才能完成的交易，达到以小博大的效果，财务杠杆的特征非常显著。我们需要注意的是杠杆性使得金融衍生工具的盈利或亏损成倍地放大：一方面，金融衍生工具的这种高杠杆的特征，可以降低套期保值的成本；另一方面，投机者也可以利用金融衍生工具的这种高杠杆特征，使得市场风险成倍地放大，因为他们可以以少量资金进行大规模的投机。

3. 期货合约与远期合约本质上相同，但也有差异，请解释。

【参考答案】

期货和远期合约的相同之处在于，它们都是义务型合约，买卖双方都面临相应的承诺。期货合约与远期合约的区别在于：（1）交易方式的区别。远期合约一般是场外交易，买卖双方的违约风险较大；而期货合约是在期货交易所进行，交易双方无须知道具体的交易对手，交易所附属（或独立）的结算所充当所有期货买者的卖者和所有卖者的买者，因此违约风险很小，交易双方无须担心对方违约。（2）交易制度的区别。期货交易一般需要客户缴纳保证金，并将保证金维持在规定的水平。如果期货价格发生了不利的变化，交易方将可能被要求向自己的保证金账户注入资金（后文我们称之为变动保证金）。因此，期货合约的违约风险要小于远期合约。由于保证金的比例一般只占合约价值的很小比重（例如5%），而远期合约没有保证金的要求，因此期货交易比远期具有更高的杠杆，所隐含的市场风险也更大。（3）结算方式的区别。远期合约的买卖双方在合约到期时才需支付固定的交割价格买卖标的资产；而期货合约则是采用逐日盯市，每日结算的制度，盯市的结果是期货合约每日进行结算而不是在其最后期限才进行结算。在每个交易日结束时，将投资者的盈利（或亏损）加入其保证金账户（或从保证金账户中扣除），这再次将期货合约的价值变为零。因此，一份期货合约实际上是每天平仓并以新的价格重新开仓。

4. 请说明保证金和逐日结算制度是如何使期货交易者免于违约的。

【参考答案】

期货的保证金和逐日盯市操作对于保障期货市场的正常运转具有重要的作用。

保证金交易制度的意义在于：第一，期货保证金交易制度的实施，降低了期货的交易成本，使得交易者能用一定的保证金就能从事100%的期货交易，发挥了期货交易的资金杠杆作用。第二，期货交易保证金为期货合约的履行提供了有效的财力担保。第三，保证金是交易所调控投机规模的重要手段。

逐日结算制度也被称为"每日无负债结算制度"。逐日盯市制度的意义在于：第一，该制度保障每一个交易账户的盈亏都能得到及时、具体和真实的反映，为及时调整账户资金和控制风险提供依据。第二，该制度规定以一个交易日为最长的结算周期，在每个交易日内，要求所有交易的盈亏都能得到及时的结算，保障会员保证金账户上的负债不超过一天，从而有效地将市场风险控制在交易全过程的一个相对最小的时间单位内。第三，逐日结算结果是期货合约每天进行结算而不是在其最后期限才结算，因此一份期货合约实际上是每天平仓并以新的价格重新开仓。

5. 期货市场的主要功能有哪些？

【参考答案】

期货交易的主要功能有：（1）套期保值和投机功能。套期保值是指一个已经存在风险暴露的实体力图通过持有一种或多种与原有风险头寸相反的套期保值工具来消除该风险，而期货合约是常用的套期保值工具之一。投机是指某些人希望利用对市场某些特定走势的预期来对市场未来的变化进行赌博，并因此制造出一个原先并不存在的风险暴露。类似的，在期货市场上纯粹以牟取利润为目的而买卖标准化期货合约的行为，被称为期货投机。投机功能构成了期货市场中必不可少的一环。（2）转移资产价格风险的功能。以利用期货多头或空头把价格风险转移出去，从而实现避险目的。这是期货市场最主要的功能，也是期货市场产生的最根本原因。（3）提供价格信息的功能。通过期货市场的交易，能够把众多影响某种商品价格的供求因素集中反映在期货市场内，形成的期货价格能够较准确地反映真实的供求状况及其价格变动趋势，为标的资产的实物交易提供了重要的参考价值。

6. 什么是看涨期权和看跌期权？

【参考答案】

看涨期权是指期权的买方支付给期权的卖方一定数额的权利金后，即拥有在期权合约的有效期内，按事先约定的价格向期权卖方买入一定数量的合约规定的特定标的资产的权利，但不承担必须买进的义务。而期权卖方有义务在期权规定的有效期内，按照期权买方的要求，以合约事先规定的价格卖出合约规定的标的资产。

看跌期权是指期权的买方支付给期权的卖方一定数额的权利金后，即拥有在期权合约的有效期内，按事先约定的价格向期权卖方卖出一定数量的合约规定的特定标的资产的权利，但不承担必须卖出的义务。而期权卖方有义务在期权规定的有效期内，应期权买方的要求，以合约事先规定的价格买入合约规定的标的资产。

7. 解释期权的实值、平值与虚值状态。

【参考答案】

对于看涨期权，当标的资产的市场价格高于执行价格时，该看涨期权合约一般会被执行，因面称其处于实值状态；当标的资产的市场价格等于执行价格时，该看涨期权合约可以被执行也可以不被执行，因而称其处于平值状态；当标的资产的市杨价格低于执行价格时，该看涨期权合约不会被执行，因而称其处于虚值状态。

对于看跌期权，情况正好相反，当标的资产的市场价格低于执行价格时，该看跌期权一般会被执行，因而称其处于实值状态；当标的资产的市场价格等于执行价格时，该看跌期权合约可以被执行也可以不被执行，因而称其处于平值状态。当标的；资产的市场价格高于执行价格时，该看跌期权合约不会被执行，因面称其处于虚值状态。

第十章 金融机构概览
与金融结构的经济学分析

　　本章主要介绍金融机构类型和不同金融机构的主要区别，以及我国的金融机构体系；介绍我国及其他国家当前金融结构的基本特征，并运用交易成本和信息不对称等经济学理论分析形成原因。学完本章，你应该掌握：

- 金融机构的类型以及我国金融机构体系概况
- 我国及其他国家当前金融结构的基本特征
- 金融结构形成原因的经济学解释

本章重点回顾

> ▷▷ **金融机构的类型和我国的金融机构体系**
>
> ◎根据金融机构的资金来源：存款类金融机构；非存款类金融机构
>
> ◎金融中介机构类型：存款类金融机构；契约性储蓄机构；投资性中介机构
>
> ▷▷ **我国及其他国家金融结构的基本特征**
>
> ▷▷ **交易成本和信息不对称是如何影响金融结构的？**
>
> ◎金融中介机构是重要外部融资来源的原因
>
> ◎债权合约相比股权合约更为重要的原因
>
> ◎抵押品、净值要求和限制性条款在债权合约中十分普遍的原因
>
> ▷▷ **信息不对称问题的解决办法**

习题精练

一、单项选择题

1. 大多数国家的企业，最大的外部资金来源是（　　　　）。
   - （A）股票
   - （B）银行和非银行贷款
   - （C）债券
   - （D）风险投资

2. 对于大多数国家的金融体系，以下哪项表述是正确的？（　　　　）。
   - （A）与银行贷款相比，企业通过债券筹集的资金更多

（B）与股票相比，企业通过债券筹集的资金更多

（C）对企业而言，股票和债券是最重要的外部融资来源

（D）对企业而言，直接融资比间接融资重要得多

3. 以下关于小微企业融资难原因的表述，正确的是（　　）。

（A）小微企业信息不对称程度较高，小额贷款交易成本较低

（B）小微企业信息不对称程度较高，小额贷款交易成本较高

（C）小微企业信息不对称程度较低，小额贷款交易成本较低

（D）小微企业信息不对称程度较低，小额贷款交易成本较高

4. 某同学用父母给他交学费的钱玩在线扑克游戏，这是以下哪项的例子？（　　）。

（A）道德风险

（B）搭便车问题

（C）逆向选择

（D）金融中介

5. 以下哪类金融机构的资金来源不是通过吸收公众存款？（　　）。

（A）村镇银行

（B）农村信用社

（C）城市商业银行

（D）投资银行

6. 银行在审核贷款对象时，一般都会关注企业的净值，此处净值扮演的角色和以下哪项类似？（　　）。

（A）剩余索取权

（B）抵押品

（C）限制性条款

（D）政府监督

7. 金融市场中使用的"次品车问题"这一术语是用来描述（　　）。

（A）委托-代理问题

（B）道德风险问题

（C）逆向选择问题

（D）搭便车问题

8. 由于具有潜在不良贷款风险的人从贷款中获益最多，他们是最积极寻求贷款的人。这是以下哪项的例证？（　　）。

（A）搭便车问题

（B）道德风险

（C）逆向选择

（D）金融中介

9. 银行通过什么方式缓解了信息生产中的搭便车问题？（　　）。

（A）购买国债

  （B）使用储户的资金购买可交易的证券

  （C）从专门收集小额借款人信息的公司处购买信息

  （D）通过发放不可交易的私人贷款

10. 以下哪项不是被用来缓解金融市场中逆向选择问题的办法？（ ）。

  （A）监督和限制性条款的实施

  （B）旨在增加借款人信息的政府监管

  （C）对借款人信息的私人生产和销售

  （D）需要借款人提供抵押品或拥有高净值

11. 委托-代理问题属于以下哪种问题？（ ）。

  （A）抵押品问题

  （B）道德风险

  （C）逆向选择

  （D）次品车问题

12. 以下哪项不是被用来缓解委托-代理问题的方法？（ ）。

  （A）股东通过审计、核查经理层实施高成本的核实行为

  （B）风险投资公司为新创业企业提供资金，并获得一部分股权和董事会席位

  （C）公司发行股权替代债权，是因为股权的委托-代理问题较少

  （D）政府通过强制实施会计准则和惩罚财务欺诈来监管公司

13. 限制性条款（ ）。

  （A）缓解了逆向选择问题

  （B）解决了次品车问题

  （C）使得债务合约更加激励相容

  （D）在股权合约中最为普遍

14. 你去一家商店买大屏幕电视机。一位销售员无礼地告诉你，他很忙没时间为你服务，让你在那里等待。随后，你看着他端着一杯咖啡去休息了。你看到的这一幕是以下哪项的例证？（ ）。

  （A）委托-代理问题

  （B）逆向选择

  （C）次品车问题

  （D）抵押品对道德风险问题的缓解

15. 在我国，以下选项中属于银行业存款性金融机构的是（ ）。

  （A）信托公司

  （B）信用合作社

  （C）财产保险公司

  （D）证券投资基金管理公司

二、多项选择题

1. 金融市场中逆向选择问题的解决办法包括（ ）。

　　　（A）信息的私人生产和销售

　　　（B）旨在增加信息供给的政府监管

　　　（C）通过金融中介机构

　　　（D）抵押品要求

　　　（E）净值要求

2. 股权合约中道德风险的解决办法包括（　　　）。

　　　（A）股东监督

　　　（B）旨在增加信息的政府监管

　　　（C）通过金融中介机构

　　　（D）通过债权合约

　　　（E）通过委托-代理

3. 债务合约中道德风险的解决办法包括（　　　）。

　　　（A）限制性条款的监督和强制执行

　　　（B）通过金融中介机构

　　　（C）抵押品要求

　　　（D）净值要求

　　　（E）通过股权合约

4. 金融中介机构降低交易成本的途径主要包括（　　　）。

　　　（A）搭便车

　　　（B）专门技术

　　　（C）规模经济

　　　（D）市场营销

　　　（E）保险

5. 我国政策性银行（含开发性金融机构）有哪几家？（　　　）。

　　　（A）国家开发银行

　　　（B）中国邮政储蓄银行

　　　（C）中国农业发展银行

　　　（D）中国工业发展银行

　　　（E）中国进出口银行

三、判断题

1. 对于企业而言，股票是最重要的外部融资来源。

2. 债券是比股票更重要的外部融资来源。

3. 尽管银行是企业最重要的外部融资来源，但随着时间的推移，它们的地位正在逐步地降低。

4. 金融中介机构，利用规模经济效应可以降低交易成本。

5. 银行通过发放不可交易的私人贷款能够在信息生产上缓解搭便车问题。

6. 当借款人使用借入资金从事贷款人会反对的活动时，逆向选择问题就出现了。

7. 债券产生的道德风险问题比股票更为严重。

8. 当贷款人无法识别出优质借款人和劣质借款人之间的差别时，他们会减少放款。

9. 当经理人按照自己的利益而不是股东的利益来行事时，委托-代理问题就出现了。

10. 拥有较低净值和很少抵押品的公司更可能发生贷款违约。

11. 为了使债务合约实现激励相容，贷款人可能会在合约中添加要求借款人保持抵押品价值的限制性条款。

12. 投资银行是银行业存款性金融机构。

13. 与股权合约相比，债务合约存在较少的委托-代理问题。

14. 逆向选择是贷款交易发生之前的信息不对称问题。

15. 道德风险是贷款交易发生之后的信息不对称问题。

四、简答题

1. 金融中介机构如何降低交易成本？

2. 搭便车问题是如何降低金融市场有效性的？

3. 政府监管是如何有助于缓解股票和债券市场的逆向选择问题的？

4. 当贷款人要求借款人拥有较高的净值和提供抵押品，他们试图缓解的是逆向选择问题还是道德风险问题？解释你的答案。

5. 债务合约中，有哪些类型的限制性条款？

6. 什么是股权合约中的"委托-代理"问题？和股权合约相比，债务合约具有什么优势？

7. 运用逆向选择和道德风险来解释你为什么更愿意从熟人里而不是陌生人里选择发放贷款的对象。

参考答案

一、单项选择题

1. B　　2. B　　3. B　　4. A　　5. D　　6. B　　7. C　　8. C　　9. D
10. A　　11. B　　12. C　　13. C　　14. A　　15. B

二、多项选择题

1. ABCDE　　2. ABCD　　3. ABCD　　4. BC　　5. ACE

三、判断题

1. F　　2. T　　3. T　　4. T　　5. T
6. F　　7. F　　8. T　　9. T　　10. T
11. T　　12. F　　13. T　　14. T　　15. T

四、简答题

1. 金融中介机构如何降低交易成本？

【参考答案】

（1）规模经济，他们通过汇集大量小额储蓄者的资金利用规模经济效应降低单位投资的交易成本。（2）专门技术，他们还在重复的交易中积累了大量的专门技术以降低交易成本。

2. 搭便车问题是如何降低金融市场有效性的？

【参考答案】

信息不对称所造成的逆向选择和道德风险问题会降低金融市场的有效性。由于逆向选择和道德风险问题，贷款人需要花费高昂的成本以收集有关借款人的信息。如果一些贷款人能够免费使用其他人的信息，那么他们就不会为收集信息而支付任何费用。当一些人不必支付费用却能够获取其他人付费得到的信息时，就产生了搭便车问题。搭便车问题的存在使得私人公司从销售信息中盈利的能力降低，导致市场上生产出来的信息越来越少，金融市场的有效性降低。

3. 政府监管是如何有助于缓解股票和债券市场的逆向选择问题的？

【参考答案】

政府解决证券市场信息不对称的常用办法是政府对证券市场进行监管，鼓励公司披露真实信息，使投资者得以识别公司的优劣。比如，政府监管部门要求上市公司进行独立的审计，使用标准的会计准则，披露有关销售资产和收益方面的信息等，从而降低股票和债券市场的信息不对称，缓解逆向选择问题。

4. 当贷款人要求借款人拥有较高的净值和提供抵押品，他们试图缓解的是逆向选择问题还是道德风险问题？解释你的答案。

【参考答案】

要求借款人拥有较高的净值和抵押品，能同时缓解逆向选择和道德风险问题。

因为两者都会有助于对借款人的筛选，从而降低逆向选择问题；两者都会有助于实现债务合约的激励相容，从而降低借款人的道德风险问题。

5. 债务合约中，有哪些类型的限制性条款？

【参考答案】

限制性条款通过排除不符合贷款者意愿的行为或者鼓励那些符合其意愿的行为，能够直接降低道德风险。实现这一目标的限制性条款通常分为如下四种类型：（1）限制不符合贷款者意愿的行为的条款，制定这些条款的目的在于限制借款者从事那些不符合贷款者意愿的高风险投资项目，从而减少道德风险。（2）鼓励符合贷款者意愿的行为的条款，这类限制性条款可以用于鼓励借款者从事那些符合贷款者意愿的经营活动，从而提高其偿还贷款的可能性。（3）抵押品保值条款，此类限制性条款鼓励借款者保持抵押品的良好状态，并且保证对抵押品的所有权。（4）提供信息的条款，此类限制性条款使贷款者更为方便地监督借款者活动，从而降低道德风险。

6. 什么是股权合约中的"委托-代理"问题？和股权合约相比，债务合约具有什么优势？

【参考答案】

股权合约中所有权和控制权的分离就会产生道德风险，拥有股权的股东（委托人）与公司经理（代理人）的利益就会出现矛盾，出现委托代理问题。当委托-代理问题出现时，委托人和代理人之间常常存在两个方面的不对称：一是利益不对称，股东追求公司利润和股东权益最大化，而经理作为代理人追求的是个人利益最大化；二是信息不对称，委托人了解的信息是有限的，而代理人在掌握信息方面存在明显优势，这就需要委托人去监督和核实。

和股权合约相比，债务合约的委托-代理问题不那么严重，债务合约不需要经常监督公司活动，从而可以降低核实成本。

7. 运用逆向选择和道德风险来解释你为什么更愿意从熟人里而不是陌生人里选择发放贷款的对象。

【参考答案】

逆向选择是指在交易之前，由于信息不对称，交易一方可能选择到产生潜在不利结果的交易对手。熟人和陌生人相比，我显然对熟人的诚实、能力和其他特征会了解更多。换句话说，我（提供贷款的人）和熟人（借款人）之间的信息不对称性较小。因此，当面对熟人的贷款要求时，我选到产生不利结果的人的可能性更低（出现逆向选择问题的可能性较小）。

道德风险是指在在交易之后，由于信息不对称情况下，借款人从事那些贷款人不希望的活动（交易一方从事有可能对交易对手不利的活动）。熟人和陌生人相比，我和熟人有更多的社会联系。换句话说，我（提供贷款的人）对熟人（借款人）可能会有一定的社会影响和约束力。因此，熟人使用贷款时，他们从事我不希望的风险活动的可能性相对更低（出现道德风险问题的可能性相对较小）。

综上，我会更愿意从熟人里而不是陌生人里选择发放贷款的对象。

第十一章　商业银行业务与管理

学习目标

本章主要介绍商业银行的主要业务和经营管理，特别是重点介绍和学习商业银行的流动性管理、资产负债管理、资本金管理，以及信用风险和利率风险的管理等内容。学完本章，你应该掌握：

- 商业银行业务分类
- 商业银行流动性管理为什么重要
- 商业银行资本充足率的计算方法和资本金管理
- 商业银行信用风险管理的方法
- 商业银行利率风险管理：敏感性缺口分析和久期分析

本章重点回顾

▶▶ **商业银行业务**

◎负债业务：资金来源的相关业务

◎资产业务：资金运用的相关业务

◎中间业务和表外业务：两者的区别与联系

▶▶ **商业银行经营管理**

◎流动性管理：向其他银行或中央银行借款；边售证券；削减贷款

◎资本充足性管理：资本规模对商业银行的影响；资本充足率的计算

◎资产负债管理：资产管理理论；负债管理理论；资产负债综合管理理论

▶▶ **商业银行风险管理**

◎信用风险管理：信用管理的各种方法

◎利率风险管理：敏感性缺口；久期缺口法

习题精练

一、单项选择题

1. 下列哪种不属于商业银行的负债？（　　　）。

（A）支票存款

（B）定期存款

（C）向中央银行的贴现贷款

(D) 准备金存款

2. 商业银行库存现金和商业银行在中央银行的存款之和构成了（　　）。

(A) 商业银行存款准备金

(B) 基础货币

(C) 商业银行超额存款准备金

(D) 货币供给

3. 下列属于商业银行表外业务的是（　　）。

(A) 贷款

(B) 贷款承诺

(C) 同业拆借

(D) 存放同业

4. 商业银行的资产负债表中，流动性最强的资产是（　　）。

(A) 工商企业贷款

(B) 准备金

(C) 金融债券

(D) 消费贷款

5. 假定银行利率敏感性缺口为 5 000 万元，如果利率下降 2 个百分点，银行会发生什么变化？（　　）。

(A) 净值增加 100 万元

(B) 净值减少 100 万元

(C) 盈利增加 100 万元

(D) 盈利减少 100 万元

6. 我国 2023 年 11 月发布的《商业银行资本管理办法》规定：商业银行的资本充足率不得低于_____，一级资本充足率不得低于_____。（　　）。

(A) 6%；4%

(B) 7%；5%

(C) 8%；6%

(D) 10%；8%

7. 如果一家银行资产的平均久期为 5 年，资产规模为 1 亿元，负债的平均久期为 3 年，负债规模为 9 000 万元，若利率下降 2 个百分点，银行的净值会发生什么变化？（　　）。

(A) 减少 540 万元

(B) 增加 540 万元

(C) 减少 460 万元

(D) 增加 460 万元

8. 资产管理是银行经营管理的重要内容，银行在进行资产选择时，以下不正确的是（　　）。

(A) 低违约风险

（B）绝对高收益

（C）高流动性

（D）多元化配置

9. 我国实行贷款五级分类制度，以下不属于不良贷款的是（　　）。

（A）次级

（B）可疑

（C）损失

（D）关注

10. 在银行信用风险管理中，主要通过哪种方式进行信用风险对冲？（　　）。

（A）购买保险

（B）信贷配给

（C）关系型贷款

（D）信用衍生品

11. 下列有关商业银行利率风险的表述中，哪种表述是正确的？（　　）。

（A）利率上升通常会增加银行利润

（B）若银行的利率敏感性缺口为负，利率上升会减少银行利润

（C）银行的利率敏感性资产通常大于利率敏感性负债

（D）若银行的利率敏感性负债大于敏感性资产，利率上升会增加银行利润

12. 同业拆借市场是指金融机构之间为_____而相互融通的市场。（　　）。

（A）增加收益

（B）减少风险

（C）调剂短期资金余缺

（D）减弱流动性

13. 一般而言，商业银行贷款的期限越长，其（　　）。

（A）安全性越好

（B）流动性越强

（C）营利性越强

（D）收益率越低

14. 如果一个小偷从银行盗窃了 2 万元现金，且法定存款准备金率为 10%，那么银行的（　　）。

（A）法定存款准备金减少 2 000 元

（B）超额存款准备金减少 4 000 元

（C）准备金减少 5 000 元

（D）库存现金减少 2 万元

15. 假设一家银行的超额存款准备金多于存款外流，存款外流会造成（　　）。

（A）存款和贷款的等量减少

（B）存款和证券的等量减少

（C）存款和资本的等量减少

（D）存款和准备金的等量减少

16. 商业银行管理信用风险的方法不包括（　　）。
（A）关系型贷款
（B）信贷配给
（C）增加抵押条款
（D）提高贷款利率

17. 在其他因素相同的情况下，资本金较高的银行（　　）。
（A）所有者的股权回报率较高
（B）破产风险较低
（C）资产流动性较强
（D）融入资金成本较低

18. 关于银行持有超额存款准备金，以下说法正确的是（　　）。
（A）越多越好
（B）越少越好
（C）可以作为银行流动性的缓冲垫
（D）不能进行资产转换

19. 若银行持有 100 亿元的支票存款，法定存款准备金率为 10%，银行实际持有的准备金为 15 亿元，那么银行持有的超额存款准备金为（　　）。
（A）15 亿元
（B）1 亿元
（C）5 亿元
（D）0 亿元

20. 久期是指（　　）。
（A）一项资产的期限
（B）某种证券支付流的加权平均时间
（C）息票债券利息支付间隔时间
（D）息票债券下次支付利息的时间

21. 根据我国的贷款五级分类制度，按照收回本息的可能性由高到低排列，贷款的等级分为（　　）。
（A）正常 次级 关注 可疑 损失
（B）正常 关注 可疑 次级 损失
（C）正常 关注 次级 可疑 损失
（D）正常 可疑 关注 次级 损失

22. 以下属于狭义的表外业务的是（　　）。
（A）向企业提供贷款
（B）给企业开出备用信用证
（C）帮助企业完成结算
（D）出租保险箱

23. 以下不属于商业银行资产业务的是（　　　）。

　　（A）贴现业务

　　（B）贷款业务

　　（C）信用证业务

　　（D）证券投资业务

24. 利率敏感性资产与利率敏感性负债的差额称为（　　　）。

　　（A）利率缺口

　　（B）利率风险

　　（C）利率敏感性指数

　　（D）利率敏感性缺口

25. 商业银行面对存款外流，以下哪种处置方式的成本最高？（　　　）。

　　（A）出售一些政府证券

　　（B）向其他银行或公司借款

　　（C）向中央银行借款

　　（D）收回或出售一些贷款

26. 以下哪种银行资产的流动性最高？（　　　）

　　（A）消费者贷款

　　（B）政府债券

　　（C）托收中款项

　　（D）存款准备金

27. 如果某家银行保有充足的超额存款准备金，那么一般情况下，存款外流会造成（　　　）。

　　（A）存款和准备金的等量减少

　　（B）存款和贷款的等量减少

　　（C）存款和证券的等量减少

　　（D）资本和贷款的等量减少

28. 某家银行的利率敏感性资产多于利率敏感性负债，那么利率的_____会_____银行的利润。（　　　）。

　　（A）上升；增加

　　（B）上升；减少

　　（C）下降；增加

　　（D）下降；不影响

二、多项选择题

1. 以下属于商业银行信用风险管理手段的有（　　　）。

　　（A）甄别与监督

　　（B）信贷配给

　　（C）长期客户关系

（D）敏感性缺口分析

（E）抵押品和补偿性余额

2. 商业银行的"三性"原则指的是（　　）。

（A）安全性

（B）稳定性

（C）流动性

（D）营利性

（E）规律性

3.《巴塞尔协议》将银行资本划分为（　　）。

（A）核心资本

（B）公开准备金

（C）附属资本

（D）未公开的准备金

（E）资产重估准备金

4. 银行所面临的利率风险可用利率敏感性资产和利率敏感性负债之间的缺口（Gap）表示，根据定义，以下表述正确的是（　　）。

（A）若 Gap>0，利率升高有利于银行净利息收入的增加

（B）若 Gap>0，利率降低有利于银行净利息收入的增加

（C）若 Gap<0，利率升高有利于银行净利息收入的增加

（D）若 Gap<0，利率降低有利于银行净利息收入的增加

（E）当 Gap＝0 时，不管利率如何变动，银行净利息收入都不变

5. 根据贷款风险五级分类管理的规定，以下哪几种贷款属于不良贷款？（　　）。

（A）正常

（B）次级

（C）关注

（D）可疑

（E）损失

6. 如果银行不保持一定的超额存款准备金，则当存款外流时银行可能面临较大成本以满足流动性要求。面临较大成本是因为银行可能不得不（　　）。

（A）向其他银行借款

（B）向中央银行借款

（C）减少资本

（D）出售证券

（E）减少贷款

7. 下列属于商业银行表外业务的有（　　）。

（A）贷款承诺

（B）贷款出售

（C）银行发放贷款

（D）金融衍生产品交易

（E）银行发行金融债券

8. 自商业银行诞生以来，陆续产生了哪些资产负债管理方面的理论？（　　）。

（A）资产管理理论

（B）负债管理理论

（C）资产负债综合管理理论

（D）流动性管理理论

（E）资本管理理论

9. 下列业务活动中属于表外业务的有哪些？（　　）。

（A）银行通过签发银行承兑汇票，为企业债务提供担保

（B）银行发放抵押贷款，并将其出售给人寿保险公司

（C）银行向大企业客户发放贷款

（D）银行为其大企业客户将人民币兑换为英镑

（E）银行发行金融债券

10. 下列有关利率风险的表述中，哪些表述是错误的？（　　）。

（A）利率上升通常会增加银行的利润

（B）如果银行的利率敏感性负债大于利率敏感性资产，利率上升会增加银行利润

（C）如果银行的利率敏感性资产大于利率敏感性负债，利率下降会增加银行利润

（D）通过利率互换可以管理利率敏感性缺口风险

（E）银行的利率敏感性资产通常大于利率敏感性负债

三、判断题

1. 商业银行的资产业务是其资金来源的业务。

2. 商业银行对借款人实施信贷配给，是为了减少后者的道德风险问题。

3. 在资产收益率不变的情况下，银行资本金比率的增加会提高其股权收益率。

4. 银行资本是一家银行的净值，它等于银行的负债总额减去资产总额的差值。

5. 商业银行的表外业务是指那些会为其创造收益，但不会导致任何风险和损失的业务。

6. 利率敏感性缺口为正的情况下，利率的上升会导致银行利润的减少。

7. 你从银行账户取现 1 000 元，则银行准备金减少 1 000 元，而流通中的现金增加 1 000 元，基础货币不变。

8. 向银行提出贷款申请的企业隐瞒其贷款风险，这属于道德风险。

9. 银行常常要求借款人提供抵押品或补偿性余额以降低信用风险。

10. 当利率敏感性资产多于利率敏感性负债时，银行的利率敏感性缺口为正。

11. ROA 是衡量银行股东回报率的重要指标。

12. 银行进行信贷资产证券化，不仅有助于回收流动性，而且有利于其信用风险管理。

13. 商业银行的资产都能给银行带来收益。

14. 利率敏感性缺口反映了银行净值对利率变化的敏感程度。

15. 当存款外流导致商业银行准备金不足时，商业银行的优先选择是出售贷款。

四、简答题

1. 什么是商业银行的资产业务和负债业务？

2. 什么是商业银行的中间业务和表外业务？

3. 商业银行弥补流动性不足的方法通常有哪些？

4. 从银行流动性管理角度来看，当出现存款外流时，持有超额存款准备金对银行有什么好处？

5. 为什么商业银行需要对资本充足性进行管理？

6. 如何提高商业银行资本充足率？

7. 谈谈商业银行信用风险产生的原因和信用风险管理方法。

8. 请结合银行贷款业务，解释为什么在存在逆向选择和道德风险问题时，银行可能会选择不发放贷款。

9. 什么是贷款承诺？贷款承诺对商业银行有何好处？

10. 什么是信贷配给？信贷配给有哪些形式？

11. 什么是利率风险？商业银行可以如何运用"敏感性缺口分析"和"久期分析"进行利率风险管理？

五、计算题

1. 假定商业银行的法定存款准备金率为20%，某银行的资产负债表如下（单位为万元）：

资产		负债	
准备金	2 500	存款	10 000
贷款	7 500	银行资本	1 000
证券	1 000		

（1）若银行发生500万元存款外流，请用T形账户描述银行资产负债表的变化；此时，银行是否存在流动性缺口？如有，通常会做出何种调整？

（2）若银行再发生一笔500万元存款外流，此时，银行是否存在流动性缺口？如有，通常会做出何种调整？

2. 假定某银行的资产负债表如下（单位为万元）：

资产		负债	
准备金	1 500	浮动利率存款	2 000
浮动利率贷款	500	短期存款	2 000

表(续)

资产		负债	
短期贷款	1 000	短期借款	1 000
短期证券	1 000	长期存款	3 000
长期贷款	3 000	长期借款	1 000
长期证券	3 000	股权资本	1 000

（1）计算该银行的利率敏感性资产、利率敏感性负债的数额；计算该银行的利率敏感性缺口。

（2）使用敏感性缺口分析法分析当利率上升 5 个百分点时，银行利润的变动幅度是多少。

（3）假定该银行资产的平均久期为 4 年，负债的平均久期为 3 年，使用久期分析说明利率下跌 2 个百分点时银行净值的变动是多少。

3. 银行资产负债表如下（单位为亿元）：

资产		负债	
存款准备金	10	各类存款	95
政府债券	20	银行资本	5
抵押贷款	50		
其他贷款	20		

若规定存款准备金和政府债券的风险权重为 0%，抵押贷款的风险权重为 50%，其他类型贷款的风险权重为 100%。请计算该银行的资本充足率。

参考答案

一、单项选择题

1. D   2. A   3. B   4. B   5. D   6. C   7. D   8. B   9. D
10. D   11. B   12. C   13. C   14. D   15. D   16. D   17. B   18. C
19. C   20. B   21. C   22. B   23. C   24. D   25. D   26. D   27. A
28. A

二、多项选择题

1. ABCE   2. ACD   3. AC   4. ADE   5. BDE
6. ABDE   7. ABD   8. ABC   9. ABD   10. ABCE

三、判断题

1. F	2. F	3. F	4. F	5. F
6. F	7. T	8. F	9. T	10. T
11. F	12. T	13. F	14. F	15. F

四、简答题

1. 什么是商业银行的资产业务和负债业务？

【参考答案】

商业银行的负债业务即资金来源的相关业务，反映于资产负债表的负债方。具体而言，负债类业务是商业银行开展经营活动的基础，商业银行主要通过负债类业务来筹集业务发展所需的资金，进而将所筹集的资金用于购买各项资产，实现盈利。

商业银行的资产业务即资金运用的相关业务，反映于资产负债表资产方。具体而言，商业银行的资产业务是商业银行运用其吸收的资金，从事各种信用活动，以此获取收益的业务。

2. 什么是商业银行的中间业务和表外业务？

【参考答案】

商业银行的中间业务，是指商业银行不用或较少占用商业银行自己的资金，以中间人的身份为客户办理收付和其他委托事项，提供各种金融服务并收取各种费用的业务。中间业务基本没有风险。

商业银行的表外业务，即商业银行从事的，能够影响银行的利润水平，但不列入资产负债表的业务。广义的表外业务既包括金融服务类的中间业务，也包括或有资产、或有负债的业务。狭义的表外业务仅指或有资产、或有负债业务，最大特点是收益较大、风险也较大。这类业务虽然不在资产负债表中反映，但是与表内的资产业务、负债业务关系十分密切，可以在一定的条件下转化为表内业务。

3. 商业银行弥补流动性不足的方法通常有哪些？

【参考答案】

商业银行弥补流动性不足的方法主要包括：（1）向央行借款，有利息成本；（2）向其他银行或金融机构借款，有利息成本；（3）出售证券，有交易费用甚至跌价损失；（4）削减贷款，也就是收回贷款或出售贷款，收回贷款会影响利润且可能破坏客户关系，而出售贷款可能面临折价出售。

4. 从银行流动性管理角度来看，当出现存款外流时，持有超额存款准备金对银行有什么好处？

【参考答案】

当存款外流时，持有超额准备金可以让银行免于支付如下成本：（1）从央行、其他银行或企业借款的成本；（2）出售证券的成本；（3）收回贷款或者出售贷款的成本。

超额准备金是对存款外流所引致的各种成本的保险，存款外流引致的成本越高，银行原意持有的超额准备金就越多。

5. 为什么商业银行需要对资本充足性进行管理？

【参考答案】

商业银行资本规模主要受到三个因素影响：（1）银行安全性的考虑。因为银行资本可以有效防范银行破产倒闭的出现，减少其资不抵债的可能性，作为抵御经营风险的缓冲垫。（2）银行资本规模会影响股东收益。在资产回报率给定的情况下，银行资本越少，银行股东的回报率就越高。一般而言，银行股东愿意持有的资本规模要低于监管机构的要求。（3）外部监管部门的约束。以《巴塞尔协议》为代表，银行监管机构规定银行必须持有一定比率的资本（最低资本要求），以增强银行抵御风险的能力。

6. 如何提高商业银行资本充足率？

【参考答案】

提高资本充足率可从两方面思考：（1）增大分子规模，即增加银行资本，具体方式包括减少分红、增资扩股等方式。（2）缩减分母规模，即减少银行的风险加权资产。由于风险加权资产是商业银行各项资产与其对应风险权重的加权平均值，因此可采取两种方式实现风险加权资产规模的缩减：一是减少资产规模，具体包括缩减信贷规模、收回贷款、出售债券等方式；二是调整资产结构，如将出售高风险（权重）资产所得资金用于购买低风险（权重）资产等。

7. 谈谈商业银行信用风险产生的原因和信用风险管理方法。

【参考答案】

信用风险产生的根源在于信贷市场的信息不对称，信贷市场逆向选择问题和道德风险问题均会造成信用风险。商业银行需要采取措施尽可能降低逆向选择和道德风险问题，进而控制信用风险。具体而言，商业银行可采取如下信用风险管理方法：甄别和监督、长期客户联系、抵押品、信贷配给、贷款出售和资产证券化等。

8. 请结合银行贷款业务，解释为什么在存在逆向选择和道德风险问题时，银行可能会选择不发放贷款。

【参考答案】

在交易之前，信息不对称造成的问题会导致逆向选择。申请贷款时，那些最可能造成信贷风险的借款者常常就是那些寻找贷款最积极的人，由于逆向选择使得贷款可能招致信贷风险，贷款者因此可能决定不发放任何贷款。

在交易之后，信息不对称造成的问题会导致道德风险。取得贷款后，借款者可能从事那些从贷款者来看不希望从事的活动，因为这些活动会提高贷款违约的可能性。由于道德风险降低了贷款归还的可能性，贷款者可能决定宁愿不发放贷款。

9. 什么是贷款承诺？贷款承诺对商业银行有何好处？

【参考答案】

贷款承诺是银行向客户做出的在未来一定时期内按商定条件为客户提供约定数额贷款的承诺。

这种做法对于银行的好处在于贷款承诺促进了长期客户联系的建立，便于其开展信息收集工作。此外，贷款承诺协议中的条款还要求企业持续 提供其收入、资产负债状况、经营活动等方面的信息，因此，贷款承诺协议是降低银行甄别和信息收集成本的有力手段。

10. 什么是信贷配给？信贷配给有哪些形式？

【参考答案】

信贷配给是指贷款者拒绝向借款人提供贷款，即使借款人愿意按照规定利率甚至更高的利率来支付利息。

信贷配给主要包含两种形式：第一种形式是即使借款人愿意支付更高的利率，银行也拒绝发放任何贷款。这主要是为了防范逆向选择，因为往往是高风险的借款人，愿意出高利率贷款。第二种形式是银行愿意向借款人发放贷款，但是贷款数量低于借款人要求。这主要是为了防范道德风险，因为贷款规模越大，借款人从道德风险中所获得收益也越大。

11. 什么是利率风险？商业银行可以如何运用"敏感性缺口分析"和"久期分析"进行利率风险管理。

【参考答案】

利率风险是指由于利率变动的不确定而造成损失的可能性。

敏感性缺口分析——用于直接测量银行利润对利率变化的敏感程度。通过计算利率敏感性资产和利率敏感性负债，求出敏感性缺口。缺口大于或小于零都存在风险。

久期分析——衡量的是银行总资产和总负债的市场价值对利率变化的敏感程度。通过计算银行总资产和总负债的久期，考察银行总资产和总负债的市场价值对利率的敏感性，从而可以反映利率变动所引起的银行净值变动。

五、计算题

1. 假定商业银行的法定存款准备金率为20%，某银行的资产负债表如下（单位为万元）：

资产		负债	
准备金	2 500	存款	10 000
贷款	7 500	银行资本	1 000
证券	1 000		

（1）若银行发生500万元存款外流，请用T形账户描述银行资产负债表的变化；此时，银行是否存在流动性缺口？如有，通常会做出何种调整？

【参考答案】

资产		负债	
准备金	−500	存款	−500

存款外流后，银行存款规模为 9 500 万元，法定存款准备金要求为 1 900 万元，而准备金余额为 2 000 万元，符合监管要求，故而无须做出调整。

（2）若银行再发生一笔 500 万元存款外流，此时，银行是否存在流动性缺口？如有，通常会做出何种调整？

【参考答案】

第二笔存款外流后，银行存款规模变为 9 000 万元，准备金余额为 1 500 万元，而法定存款准备金要求为 9 000×0.2＝1 800 万元。因此银行存在 300 万元的准备金缺口，需要弥补，一般会采取出售证券、同业拆借等方式解决。

2. 假定某银行的资产负债表如下（单位为万元）：

资产		负债	
准备金	1 500	浮动利率存款	2 000
浮动利率贷款	500	短期存款	2 000
短期贷款	1 000	短期借款	1 000
短期证券	1 000	长期存款	3 000
长期贷款	3 000	长期借款	1 000
长期证券	3 000	股权资本	1 000

（1）计算该银行的利率敏感性资产、利率敏感性负债的数额；计算该银行的利率敏感性缺口。

【参考答案】

利率敏感性资产＝浮动利率贷款+短期贷款+短期证券＝2 500（万元）

利率敏感性负债＝浮动利率存款+短期存款+短期借款＝5 000（万元）

敏感性缺口＝利率敏感性资产−利率敏感性负债＝−2 500（万元）

（2）使用敏感性缺口分析法分析当利率上升 5 个百分点时，银行利润的变动幅度是多少。

【参考答案】

银行利润变动额＝敏感性缺口×利率变动幅度＝−2 500×5%＝−125（万元）

因此，银行利润减少了 125 万元。

（3）假定该银行资产的平均久期为 4 年，负债的平均久期为 3 年，使用久期分析说明利率下跌 2 个百分点时银行净值的变动是多少。

【参考答案】

资产的变动幅度＝−资产的平均久期×利率变动幅度＝−4×（−2%）＝8%

负债的变动幅度＝－负债的平均久期×利率变动幅度＝－3×（－2%）＝6%
资产的变动额＝资产的变动幅度×资产总额＝8%×10 000＝800（万元）
负债的变动额＝负债的变动幅度×负债总额＝6%×9 000＝540（万元）
银行净值的变动＝资产的变动额－负债的变动额＝800－540＝260（万元）
因此，银行净值上升了260万元。

3. 银行资产负债表如下（单位为亿元）：

资产		负债	
存款准备金	10	各类存款	95
政府债券	20	银行资本	5
抵押贷款	50		
其他贷款	20		

若规定存款准备金和政府债券的风险权重为0%，抵押贷款的风险权重为50%，其他类型贷款的风险权重为100%。请计算该银行的资本充足率。

【参考答案】

$$风险加权资产 = 10 \times 0\% + 20 \times 0\% + 50 \times 50\%$$
$$+ 20 \times 100\% = 45(亿元)$$
$$资本充足率 = \frac{银行资本}{风险加权资产} = \frac{5}{45} \approx 11.11\%$$

第十二章　非存款类金融机构

学习目标

本章主要介绍各类非存款性金融机构的概念、特征、功能、业务以及国内外发展情况等。学完本章，你应该掌握：
- 保险的含义以及保险公司的功能和业务
- 什么是投资银行以及投资银行的主要业务
- 信托的含义以及信托的功能
- 投资基金的种类和基金管理公司的业务
- 什么是金融租赁和财务公司

本章重点回顾

▷▷ **保险公司**
◎保险的基本要素；保险公司的功能和业务

▷▷ **投资银行**
◎投资银行的类型和组织形式；投资银行的业务

▷▷ **信托公司**
◎信托及信托关系人；信托的功能；信托的业务种类

▷▷ **投资基金**
◎投资基金的种类和组织形式；基金管理公司的业务

▷▷ **金融租赁公司和财务公司**

习题精练

一、单项选择题

1. 以下行使直接融资功能的金融机构是（　　）。
（A）投资银行
（B）财务公司
（C）信托投资公司
（D）保险公司

2. 投资银行的业务不包括（　　）。
（A）证券承销与证券交易

    （B）项目融资

    （C）企业兼并与收购管理

    （D）吸收公众存款

3. 保险公司的业务分哪两类？（　　）。

    （A）财产保险业务和责任保险业务

    （B）人身保险业务和财产保险业务

    （C）健康保险业务和信用保险业务

    （D）人身保险业务和保证保险业务

4. 以下金融租赁业务中，金融租赁公司不需要承担风险的租赁业务是（　　）。

    （A）回租

    （B）杠杆租赁

    （C）直接融资租赁

    （D）委托租赁

5. 按约定的信托条件对信托财产进行管理或处理的信托关系人是（　　）。

    （A）委托人

    （B）受托人

    （C）受益人

    （D）中间人

6. 以下哪种金融工具是一种分摊意外事故损失的财务安排？（　　）。

    （A）分散投资

    （B）信托

    （C）构造组合

    （D）保险

7. 除了向受益人提供经济补偿和风险保障的功能外，保险公司还具有（　　）功能。

    （A）储蓄投资

    （B）节约

    （C）收藏

    （D）流动性

8. 拥有资金、财产及其他标的物的所有人，为获得更好的收益或达到某种目的，委托受托人代为运用、管理、处理财产及代办有关经济事务的经济行为，称为（　　）。

    （A）租赁

    （B）信托

    （C）代理

    （D）经纪

9. 由大型企业集团内部成员单位出资组建并为各成员单位提供金融服务的非银行金融机构是（　　）。

（A）财务公司

（B）投资公司

（C）资产管理公司

（D）基金公司

10. 现代租赁的主要特点是（　　　）。

（A）租赁物品

（B）借贷资金

（C）融资融物的结合

（D）经营租赁

二、多项选择题

1. 典型的信托行为要涉及的关系人有（　　　）。

（A）委托人

（B）受托人

（C）中间人

（D）受益人

（E）经理人

2. 融资租赁一般涉及的相关当事人是（　　　）。

（A）委托人

（B）受托人

（C）出租人

（D）承租人

（E）供货商

3. 投资基金的种类按照组织形态的划分，可以分为（　　　）。

（A）公司型

（B）契约型

（C）开放型

（D）封闭型

（E）成长型

4. 根据保险的基本业务划分，以下属于人身保险业务有（　　　）。

（A）人寿保险

（B）财产损失保险

（C）健康保险

（D）意外伤害保险

（E）责任保险

5. 投资银行的主要业务有（　　　）。

（A）证券自营业务

（B）资产证券化

    （C）证券经纪业务

    （D）证券承销业务

    （E）公司购并

  6. 根据投资风险与收益的不同，投资基金可分为（   ）。

    （A）成长型基金

    （B）公司型基金

    （C）契约型基金

    （D）收入型基金

    （E）平衡型基金

三、判断题

  1. 投资银行或证券公司是以证券业务为本源，主要发挥间接融资功能的金融机构，是金融市场的最重要的组成部分之一。

  2. 投资银行最基本的传统业务是证券投资。

  3. 根据基金单位是否可增加或赎回，投资基金可分为开放式基金和封闭式基金。

  4. 社会经济生活中的所有风险都可以通过保险方式来转移。

  5. 信托的实质是将责任和利益分开。

  6. 现代租赁业务具有融资功能。

  7. 财务公司就是一个企业管理财务的部门。

  8. 投资银行的业务包括资产证券化。

  9. 信托行为涉及的关系人包括委托人、受托人和收益人。

  10. 我国的保险公司可以同时兼营人身保险业务和财产保险业务。

  11. 广义财产保险是指以财产及其有关的经济利益和损害赔偿责任为保险标的的保险。

  12. 基金是一种利益共享、风险共担的集合投资方式。

  13. 基金管理公司具有专业管理和专业投资的特点。

  14. 财务公司主要通过吸收企业存款来筹措资金。

  15. 按照公司组织形式，保险公司可以分为保险股份公司、相互保险公司、专属保险公司。

四、简答题

  1. 简述保险公司的主要业务。

  2. 简述投资银行的主要业务。

  3. 简要比较投资银行与商业银行。

  4. 简述信托的职能。

  5. 请列举三种投资基金的常见分类。

  6. 金融租赁公司的主要业务有哪些？

  7. 简述财务公司及类型。

参考答案

一、单项选择题

1. A　　2. D　　3. B　　4. D　　5. B　　6. D　　7. A　　8. B　　9. A
10. C

二、多项选择题

1. ABD　　　2. CDE　　　3. AB　　　4. ACD　　　5. ABCDE
6. ADE

三、判断题

1. F	2. F	3. T	4. F	5. T
6. T	7. F	8. T	9. T	10. F
11. T	12. T	13. T	14. F	15. T

四、简答题

1. 简述保险公司的主要业务。

【参考答案】

按照经营产品的类别，保险公司可分为人寿保险公司和财产保险公司。人身保险业务包括人寿保险、健康保险和意外伤害保险。寿险以被保险人的寿命为保险标的，以被保险人的生存或死亡为给付条件。财产保险有广义与狭义之分。广义财产保险是指以财产及其有关的经济利益和损害赔偿责任为保险标的的保险；狭义财产保险则是指以物质财产为保险标的的保险。

2. 简述投资银行的主要业务。

【参考答案】

投资银行的主要业务包括：（1）证券承销，这是其基本业务和本源业务。（2）证券交易，投资银行在二级市场充当证券经纪商和自营商的角色以获得佣金或投资收益。（3）项目融资，指以项目的资产、预期收益或权益作抵押取得的一种无追索权或有追索权的融资或贷款活动。（4）企业的兼并与收购。（5）基金管理，承担基金的发起人、管理人和托管人等职责。（6）风险投资，通过私募等方式为新兴公司在创业期和拓展期融通资金。（7）理财顾问，为客户提供财务咨询和投资咨询等业务。（8）资产证券化，指把流动性较差的资产通过投资银行或商业银行给予重新组合，以这些资产作为抵押来发行证券。（9）金融衍生工具业务。

3. 简要比较投资银行与商业银行。

【参考答案】

从本源上看，商业银行是存贷款银行，存贷款业务是其本源业务；投资银行是证券承销商，证券承销业务是其本源业务。

从功能上看，商业银行行使间接融资职能，为了降低风险，主要侧重于短期资金市场活动；投资银行行使直接融资职能，为直接融资提供服务，一般侧重于资本市场活动。

从利润构成上看，商业银行的利润主要来自存贷差，其次是资金营运收入和表外业务收入；投资银行的利润主要来自佣金，其次才是自己营运收入和利息收入。

从风险管理上看，商业银行更注重安全性，资产除贷款外主要配置于同业往来、国债与基金等低风险品种；投资银行更注重营利性，在一定风险控制前提下追逐高收益和金融创新，资金主要投资于股票、债券、外汇及衍生金融工具等。

4. 简述信托的职能。

【参考答案】

信托的职能包括：（1）财产管理职能，是指信托受委托人之托，为之经营管理或处理财产的功能，即"受人之托、为人管业、代人理财"，这是信托业的基本功能。（2）融通资金职能，指信托业作为金融业的一个重要组成部分，本身就赋有调剂资金余缺之功能，并作为信用中介为一国经济建设筹集资金，调剂供求。（3）协调经济关系职能，指信托公司处理和协调交易主体间经济关系和为之提供信任与咨询事务的功能。因其不存在所有权的转移问题，所以有别于前二种功能形式。（4）社会投资职能，指信托公司运用信托业务手段参与社会投资活动的功能。信托业务的开拓和延伸，必然伴随着投资行为的出现，也只有信托机构享有投资权和具有适当的投资方式的条件下，其财产管理功能的发挥才具有了可靠的基础。（5）为社会公益事业服务的职能，指信托公司可以捐款或资助社会公益事业的委托人服务，以实现其特定目的的功能。

5. 请列举三种投资基金的常见分类。

【参考答案】

根据基金单位是否可增加或赎回，投资基金可分为开放式基金和封闭式基金。

根据组织形态的不同，投资基金可分为公司型基金和契约型基金。

根据投资风险与收益的不同，投资基金可分为成长型基金、收入型基金和平衡型基金。

6. 金融租赁公司的主要业务有哪些？

【参考答案】

金融租赁公司主要经营直接租赁、回租、转租赁、委托租赁等融资租赁业务，也可以开展经营租赁业务。

直接租赁是指出租人用自有资金或在资金市场上筹措到的资金购进设备，直接出租给承租人的租赁，即"购进租出"。回租是指承租人将其所拥有的物品出售给出租人，再从出租人手里将该物品重新租回的方式。转租赁是指租赁公司事先以承租人的身份租入设备，然后再转租给第二承租人。委托租赁是指在有多余闲置设备的单位，为充分利用设备并获取一定收益，不是自行寻找承租人，而是委托租赁机构代为其寻找承租人，而后由出租人、承租人与租赁机构一起签订租赁合同的租赁方式。

7. 简述财务公司及类型。

【参考答案】

财务公司也叫金融公司，在国外是指一类通过出售商业票据、发行股票或债券以及向商业银行借款等方式来筹集资金，并用于向购买汽车、家具等大型耐用消费品的消费者或小型企业发放贷款的金融机构。国外的财务公司可分为三种类型：一是销售财务公司，是由一些大型零售商或制造商建立的，旨在以提供消费信贷的方式来促进企业产品销售的公司。二是专门发放小额消费者贷款的消费者财务公司。三是商业财务公司，主要向企业发放以应收账款、存货和设备为担保的抵押贷款，或者以买断企业应收账款的方式为企业提供资金。

在我国，财务公司是"企业集团财务公司"的简称，是一类由大型企业集团内部成员单位出资组建，并为各成员单位提供金融服务的非银行金融机构，其宗旨和任务是为本企业集团内部各企业融通资金，促进其技术改造和技术进步。

第十三章　金融监管体系

学习目标

　　本章主要学习与金融监管相关的理论知识以及我国的情况。主要包括：金融监管的理论基础；政府安全网；金融监管的体制、框架和监管措施；我国的金融监管体系和监管手段等内容。学完本章，你应该掌握：

- 对金融监管的理论基础有一定的理解
- 政府安全网的主要形式和存在的弊端
- 对金融监管体制、框架和监管措施有较为全面的理解
- 对我国的金融监管体系有较为全面的了解

本章重点回顾

>> **金融监管的理论基础**
　　◎外部性；金融脆弱性；公共利益说；信息不对称

>> **政府安全网**
　　◎存款保险制度
　　◎最后贷款人制度

>> **政府安全网弊端**
　　◎存在逆向选择问题
　　◎存在道德风险问题
　　◎"大而不能倒"和金融并购强化逆向选择和道德风险问题

>> **金融监管体制、框架和监管措施**
　　◎金融监管体制
　　◎宏观审慎监管和微观审慎监管
　　◎金融监管措施

>> **我国的金融监管体系**
　　◎"一行一局一会"
　　◎我国的宏观审慎监管和微观审慎监管

习题精练

一、单项选择题

1. 以下哪项不属于金融监管的理论依据？（　　　）。

（A）金融脆弱性

（B）完全竞争市场

（C）信息不对称

（D）负外部性

2. 《巴塞尔协议Ⅲ》规定总资本充足率不得低于（　　　）。

（A）4%

（B）5%

（C）6%

（D）8%

3. 下列哪项不属于骆驼评级系统（CAMELS）的内容？（　　　）。

（A）资本充足状况

（B）市场风险敏感性状况

（C）盈利状况

（D）客户信用风险状况

4. 存款保险的主要目的是（　　　）。

（A）避免银行股东出现损失

（B）增加对投资者的信息流

（C）防止出现银行恐慌

（D）防止银行雇员失业

5. 中央银行通常被称为"最后贷款人"，这是因为（　　　）。

（A）其贷款利率最低

（B）在银行无能为力的情况下，可以向客户发放贷款

（C）监管银行贷款

（D）可以向陷入困境的银行发放贷款

6. 我国存款保险制度下可对存款人提供的最高赔付额为（　　　）。

（A）30万元

（B）40万元

（C）50万元

（D）60万元

7. 我国目前金融监管体系的主要由中央金融委员会和中央金融工作委员会领导下的_____构成。（　　　）。

（A）人民银行、银监会、保监会、证监会

（B）人民银行、银保监会、证监会

（C）人民银行、国家金融监管总局、证监会

（D）人民银行、国家金融监管总局、保监会、证监会

8. 美国实行的监管体制是（　　　）。

（A）双峰监管

（B）功能监管与机构监管的结合体制

（C）综合监管

（D）功能监管

9. 宏观审慎监管的直接目标是（　　）。

（A）避免个体金融机构的不稳定

（B）防范金融体系的系统性风险

（C）抑制个体金融机构的异质性风险

（D）保护客户（存款人、投资者）

10. 下列哪项不属于微观审慎监管的内容？（　　）。

（A）银行业监管

（B）金融租赁业监管

（C）信托业监管

（D）系统性重要银行监管

11. 存款保险公司的"太大而不能倒闭"政策（　　）。

（A）减弱了大银行采取道德风险行为的动机

（B）增强了大银行采取道德风险行为的动机

（C）减弱了小银行采取道德风险行为的动机

（D）增强了小银行采取道德风险行为的动机

12. 政府安全网主要包括（　　）。

（A）最后贷款人制度和银行资本金要求制度

（B）最后贷款人制度和法定存款准备金制度

（C）存款保险制度和银行资本金要求制度

（D）存款保险制度和最后贷款人制度

13. 对于拥有存款保险制度的银行体系而言，下列表述是错误的是（　　）

（A）不会引发银行业的道德风险问题

（B）存款人更可能将钱存入银行

（C）在危机时期，降低存款人到银行提钱的行为

（D）可能会引发银行业的逆向选择问题

14. 关于宏观审慎监管和微观审慎监管，下列表述错误的是（　　）。

（A）微观审慎监管的目标是防范系统性风险

（B）微观审慎监管旨在于提高个体金融机构的稳定性

（C）宏观审慎监管旨在于提高整个金融系统的稳定性

（D）宏观审慎监管可能会因为强调整体的稳定性而忽略对个体利益的保护

15. 以下不属于政府安全网弊端的是（　　）。

（A）道德风险

（B）逆向选择

（C）大而不能倒

（D）信贷配给

二、多项选择题

1. 政府安全网的常见形式包括（　　　）。
   - （A）市场准入管制
   - （B）危机预警机制
   - （C）业务经营管制
   - （D）最后贷款人制度
   - （E）存款保险制度

2. 明斯基用以下哪几项来解释金融体系内在脆弱性形成原因？（　　　）。
   - （A）金融创新
   - （B）金融自由化
   - （C）金融全球化
   - （D）代际遗忘
   - （E）竞争压力

3. 政府安全网的弊端有（　　　）。
   - （A）逆向选择
   - （B）道德风险
   - （C）大而不能倒
   - （D）搭便车
   - （E）流动性陷阱

4. 金融监管体制大致分为（　　　）。
   - （A）机构监管
   - （B）垂直监管
   - （C）功能监管
   - （D）综合监管
   - （E）双峰监管

5. 我国宏观审慎评估体系（MPA）将商业银行分为（　　　）。
   - （A）全球性系统重要性机构
   - （B）全国性系统重要性机构
   - （C）区域性系统重要性机构
   - （D）地方性机构
   - （E）普通机构

6. 骆驼评价体系CAMELS中的考核指标包括（　　　）。
   - （A）资本充足率、资产质量
   - （B）管理水平、盈利状况
   - （C）管理水平、收入弹性
   - （D）债务质量、敏感性
   - （E）流动性、敏感性

三、判断题

1. 银行业也会出现经济负外部性、信息不对称等市场失灵现象。
2. 银行的高负债率、低现金资产比率导致其承受债务清偿的能力比非金融机构弱。
3. 公共利益说肯定了政府干预市场的合理性和有效性。
4. 政府安全网不包括对银行等金融机构的收购和接管。
5. 政府监管存在成本是金融监管失灵的一大原因。
6. 我国的金融监管部门由"一行三会"构成。
7. 常见的银行的资本要求有两种形式：一是杠杆比率，二是资本充足率。
8. 宏观审慎监管的直接目标是保护客户（存款人、投资者）。
9. CAMELS 骆驼评级中的 C 指的是资本充足率。
10. 由存款保险公司提供的存款保险消除了银行业中的逆向选择和道德风险问题。

四、简答题

1. 明斯基金融脆弱性概念的主要内容是什么？
2. 什么是存款保险制度？存款保险制度对于维系金融系统的稳定有什么作用？
3. 请解释银行等金融机构"太大而不能倒闭"的概念和内涵。
4. 政府安全网的弊端有哪些？
5. 存款保险制度存在哪些弊端？
6. 简述我国金融监管部门构成情况。
7. 简述我国的宏观审慎评估体系（MPA）。
8*. 金融科技带来的监管挑战有哪些？

参考答案

一、单项选择题

1. B　　2. D　　3. D　　4. C　　5. D　　6. C　　7. C　　8. B　　9. B
10. D　　11. B　　12. D　　13. A　　14. A　　15. D

二、多项选择题

1. DE　　2. DE　　3. ABC　　4. ACDE　　5. BCE
6. ABE

三、判断题

1. T　　2. T　　3. T　　4. F　　5. T
6. F　　7. T　　8. F　　9. T　　10. F

四、简答题

1. 明斯基金融脆弱性概念的主要内容是什么？

【参考答案】

20 世纪 80 年代初，美国经济学家海曼·明斯基提出了金融脆弱性的概念，明斯基及其追随者们认为：银行的利润最大化目标促使它们在系统内增加风险性业务和活动，导致系统的内在不稳定性，因而需要对银行的经营行为进行监管。

明斯基认为，有两个主要原因可以解释这种金融体系内在脆弱性特征：一是代际遗忘解释，是指金融危机之后，随着一些利好事件推动了经济发展和金融繁荣，贷款人渐渐忘记了过去危机的恐惧，被当前利益吸引，推动了大量的贷款发放和资产购买，导致银行的道德风险将代际遗忘的时间大大缩短；二是竞争压力解释，指贷款人出于竞争的压力而做出许多不审慎的贷款决策。在经济高涨期，借款需求巨大，如果个别银行不能提供充足的贷款，它就会失去顾客，又由于从借款开始高涨到最终的还款日期的间隔可能很长，以至于发放贷款的银行从来不会因为它们自己的行为后果而直接遭受损失。

2. 什么是存款保险制度？存款保险制度对于维系金融系统的稳定有什么作用？

【参考答案】

存款保险制度是指一个国家或地区的政府为了保护存款人的利益，维护金融业的安全稳定，通过法律的形式在金融体制中设立专门的存款保险机构，规定一定范围的吸收存款的金融机构必须或自愿按照存款的一定比例向存款保险机构缴纳保险费，从而保护存款人利益，维护银行信用，稳定金融秩序的一种制度。

为存款人建立的政府安全网，可以有效地抑制银行挤兑和银行恐慌。存款保险制度使存款得到了充分的保障，存款人即使对银行运营的稳定程度有所担心，也不会到银行提取存款从而造成挤兑现象。它是政府采取的一种增强银行稳定性、保护小额存款者免受银行破产损失的一种机制，同时也可以提高银行存款的安全性，防止银行挤兑。

3. 请解释银行等金融机构"太大而不能倒闭"的概念和内涵。

【参考答案】

由于大型金融机构的倒闭可能会引发金融系统风险，金融监管者自然不愿意这些大型金融机构倒闭，进而致使存款人和债权人遭受损失。"太大而不能倒闭"是由政府安全网和防止金融机构破产的意愿所产生的道德风险问题。

存款人的道德风险：存款人一旦知道大银行不能倒闭，就不会有动力去监督银行，并且即使在银行从事过度冒险的业务活动时也不会去提款。

其他债权人的道德风险：在已经知道大银行可以获得紧急资金救助的情况下，其债权人可能缺乏动力对这些机构实施监督，在当大银行承担过高风险时也可能不会及时抽回资金。

4. 政府安全网的弊端有哪些？

【参考答案】

尽管政府安全网可以有助于保护存款人和其他债权人的利益，有效地减少由于信息不对称而对金融体系乃至社会经济带来的冲击，防止金融危机或削弱其危害，但是这种保护也产生了有许多弊端，主要有以下几点：（1）道德风险：在存在政府安全网的情况下，由于存款人和债权人知道当银行倒闭他们不会遭受损失，所以即使怀疑银行从事过高风险交易活动的时候，他们也不会提款的形式以对这些金融机构施加约束。（2）逆向选择：由于受政府安全网保护的存款人和债权人没有理由对金融机构的行为施加约束，所以那些爱好冒险的企业家发现金融行业是最具诱惑力的行业，因为他们能够从事高风险的活动。（3）"大而不能倒"：由于大型金融机构的倒闭可能会引发金融灾难，于是政府向那些大银行中没有投保的大额债权人也可能提供还款保证。由于政府的这种"兜底"保护行为，大额债权人也会缺乏动力对银行进行主动监督。这种"大而不能倒"的政策后果使得大银行或其他金融机构更加愿意从事高风险的业务活动，加大了银行倒闭及金融危机爆发的可能性，金融监管机构监管负担加大。（4）金融并购使"太大而不能倒闭"问题更加严重。银行与其他金融服务企业的并购意味着政府安全网需要扩展至其他活动，增加了风险，弱化了金融体系的稳定性。

5. 存款保险制度存在哪些弊端？

【参考答案】

存款保险制度有助于保护存款人和其他债权人的利益，防止金融危机或削弱其危害，但是存款保险制度的存在进一步加大了从事冒险活动的动力，进而导致理赔事件的发生，即加剧了道德风险问题。同时，存款保险制度也存在逆向选择问题，即那些最有可能造成保险项目所保障的逆向选择（银行破产）的人正是那些最积极利用保险的人。此外，还有"太大而不能倒闭"问题，即由政府安全网和防止金融机构破产的意愿所产生的道德风险问题，使金融监管者陷入进退两难的困境。

6. 简述我国金融监管部门构成情况。

【参考答案】

我国的金融监管部门主要由"一行一局一会"构成，即中国人民银行、国家金融监管总局和证监会。当前，中国人民银行肩负货币政策、宏观审慎政策两项职责；国家金融监督管理总局、证监会则专职微观监管职能，包括金融机构的微观审慎监管，以及消费者保护等行为监管的内容。"一行一局一会"共同接受中央金融委员会和中央金融工作委员会的领导。另外，还有其他的相关部门，如财政部金融司、审计署金融审计司等部门也承担一定的金融监管职责。

7. 简述我国的宏观审慎评估体系（MPA）。

【参考答案】

我国的宏观审慎评估体系（MPA）将商业银行分为全国性系统重要性机构（N-SI-FIs）、区域性系统重要性机构（R-SIFIs）和普通机构（CFIs），对不同类型银行采取不同的监管指标要求和考核方式。宏观审慎评估体系（MPA）的主要构成是：资本和杠杆情况、资产负债情况、流动性、定价行为、资产质量、跨境融资风险、信贷政策执行等七大方面，其中资本充足率是评估体系的核心。

8*. 金融科技带来的监管挑战有哪些?

【参考答案】

第一，传统金融监管规则已经不能满足金融科技发展的客观要求。固有的金融监管模式与金融科技"去中心化"的特征不匹配。长期以来传统金融监管是基于一定的流程进行的，但在金融科技时代，一个交易可以在毫秒间实现，风险一旦发生，可以从大型金融机构迅速移转到各个去中心化的节点，实现指数级扩散，因此运用传统监管模式的监管机构无法实时监测和应对金融风险。

第二，传统金融"脱媒"，部分游离于正统的监管体系之外金融科技企业形成制度套利空间。金融科技催生了新的金融市场并形成了新型的金融组织，这些组织区别于传统的金融机构且呈现出"四不像"的特征，这些组织并没有被及时纳入现有监管体系，从而形成"监管盲区"，以至于滋生的金融风险被忽视。

第三，监管当局面临"从严监管"和"鼓励创新"的两难抉择。金融科技业务的开展依赖于先进的金融科技技术和交易平台，监管机构对于其认知往往滞后于市场，这就会出现无法区分"真创新"或"伪创新"的尴尬境地。一方面，一些披着金融创新外衣的"伪创新"企业扭曲金融市场的定价机制；另一方面，一些数字金融企业发展壮大只需要较短的时间，在监管政策滞后于金融创新这一"常态"下，监管机构往往无法适时做出反应并制定适宜的监管政策。

第十四章　中央银行

学习目标

本章主要学习中央银行相关知识，为后续货币供给、货币政策等知识的学习奠定基础。学完本章，你应该掌握：

- 对中央银行的特征和职能有清晰认识
- 对中央银行的负债业务、资产业务和中间业务有清晰认识
- 对中国人民银行和美联储有较为深入的了解
- 对中央银行的独立性有一定的了解

本章重点回顾

▷▷　中央银行的特征

▷▷　中央银行的职能
　　◎发行的银行；政府的银行；银行的银行；管理金融的银行

▷▷　中央银行的业务分类
　　◎资产业务；负债业务；中间业务

▷▷　中央银行制度的不同类型
　　◎重点了解中国人民银行和美联储

▷▷　中央银行的独立性

习题精练

一、单项选择题

1. 中央银行的业务对象为（　　）。
   - （A）一国政府与工商企业
   - （B）一国金融机构与工商企业
   - （C）工商企业与家庭个人
   - （D）一国政府与金融机构

2. 美国如今的中央银行是（　　）。
   - （A）美洲银行
   - （B）美国第一银行
   - （C）美国第二银行

（D）美国联邦储备体系

3. 中央银行的独立性是指（　　　）。

（A）制定实施货币政策的相对自主性

（B）调控监管一国金融时的相对自主性

（C）制定实施货币政策、调控监管一国金融时具有的相对自主性

（D）调控货币供给的相对自主性

4. 下列不属于建立中央银行的必要性的是（　　　）。

（A）中央集权的需要

（B）统一发行货币的需要

（C）最后贷款人的需要

（D）票据清算的需要

5. 下列哪项是中央银行主要的中间业务？（　　　）

（A）货币发行业务

（B）存款业务

（C）再贴现业务

（D）资金清算业务

6. 集中办理票据交换是（　　　）。

（A）中央银行的资产业务

（B）中央银行的负债业务

（C）中央银行的中间业务

（D）中央银行的表内业务

7. 中国人民银行资产负债表中的"储备货币"是指（　　　）。

（A）外汇储备

（B）法定存款准备金

（C）基础货币

（D）超额存款准备金

8. 1983 年以前中国的中央银行制度是（　　　）。

（A）单一中央银行制

（B）一元中央银行制

（C）二元中央银行制

（D）复合中央银行制

9. 在下列中央银行的行为和服务中，体现其"银行的银行"职能的是（　　　）。

（A）集中商业银行的存款准备金

（B）对政府提供贷款

（C）代理国库

（D）发行货币

10. 中央银行持有具有较高流动性的资产旨在（　　　）。

（A）降低资产风险

  （B）减低负债风险

  （C）保障金融安全

  （D）灵活调节货币供求

11. 货币发行业务是中央银行的（ ）。

  （A）资产业务

  （B）负债业务

  （C）中间业务

  （D）表外业务

12. 中央银行的独立性分为哪两种不同的类型？（ ）。

  （A）政策独立性和业务独立性

  （B）工具独立性和业务独立性

  （C）工具独立性和目标独立性

  （D）政策独立性和目标独立性

13. 标志着现代中央银行制度产生的重要事件发生在（ ）。

  （A）意大利

  （B）瑞典

  （C）英国

  （D）美国

14. 中央银行业务经营的目标是（ ）。

  （A）盈利

  （B）实现财政政策目标

  （C）实现货币政策目标

  （D）实现财政政策和货币政策目标

15. 中央银行通常被称为"最后贷款人"，这是因为（ ）。

  （A）其贷款利率最低

  （B）在银行无能为力时可以向客户发放贷款

  （C）监管银行贷款

  （D）可以向陷入困境的银行发放贷款

16. 中央银行的基本特征不包括（ ）。

  （A）不以营利为目的

  （B）以工商企业和个人为服务对象

  （C）业务对象为政府和金融机构

  （D）资产流动性高

17. 以下哪项不属于中央银行的负债业务？（ ）。

  （A）货币发行

  （B）代理国库

  （C）集中存款准备金

  （D）票据交换

18. 以下哪项不属于中央银行的资产？（　　）。
（A）贴现贷款
（B）流通中通货
（C）黄金外汇储备
（D）证券

19. 如果某人把债券卖给中央银行，并从中央银行得到一笔现金，那么（　　）。
（A）流通中的现金不变，但是银行体系准备金减少了
（B）流通中的现金不变，但是银行体系准备金增加了
（C）银行体系准备金不变，但是流通中的现金增加了
（D）银行体系准备金不变，但是流通中的现金减少了

20. 独立的中央银行（　　）。
（A）更可能导致较高的通货膨胀率，不大可能造成政治经济周期
（B）更可能导致较高的通货膨胀率，更可能造成政治经济周期
（C）不大可能导致较高的通货膨胀率，不大可能造成政治经济周期
（D）不大可能导致较高的通货膨胀率，更可能造成政治经济周期

二、多项选择题

1. 中央银行产生的原因主要包括（　　）。
（A）统一银行券发行的需要
（B）票据清算的需要
（C）最后贷款人的需要
（D）国家投资的需要
（E）金融管理的需要

2. 关于中央银行的特征，正确的是（　　）。
（A）不以营利为目的
（B）不开展负债业务
（C）业务对象是一国政府和金融机构
（D）资产具有较强的流动性
（E）不在国外设立分支机构

3. 中央银行的职能包括（　　）。
（A）投资的银行
（B）发行的银行
（C）政府的银行
（D）银行的银行
（E）管理金融的银行

4. 中央银行制度的类型有（　　）。
（A）单一中央银行制
（B）复合中央银行制

（C）离岸中央银行制

（D）跨国中央银行制

（E）准中央银行制

5. 以下属于中央银行资产业务的有（　　）。

（A）再贴现业务

（B）再贷款业务

（C）存款业务

（D）发行债券

（E）黄金、外汇储备业务

三、判断题

1. 中央银行充当最后贷款人是其"政府的银行"职能的表现。

2. 中央银行持有的资产具有较差的流动性。

3. 单一中央银行制即一元式中央银行制。

4. 就西方国家而言，独立的中央银行更可能导致政治经济周期。

5. 中央银行的业务只包括资产业务和负债业务两大业务。

6. 中央银行垄断货币发行权。

7. 最后贷款人意味着中央银行是整个金融机构和非银行社会大众的最后资金提供者。

8. 目前中国人民银行的组织结构分为四级："总行—9大跨行政区分行和两个总行营业部—省市中心支行—县支行"。

9. 美联储的结构属于二元式中央银行制。

10. 历史上最早从商业银行中分化出来的中央银行是英格兰银行。

11. 欧洲中央银行是典型的跨国型中央银行。

12. 中央银行保持较高独立性容易导致较高的通货膨胀率。

13. 中国人民银行的结构不属于一元式的单一中央银行制。

14. 独立性较强的中央银行有助于避免政治经济周期。

15. 中央银行自主使用货币政策工具的能力是其目标独立性的体现。

四、简答题

1. 简述中央银行产生的必要性。

2. 简述中央银行的特征和职能。

3. 中央银行制度有哪些类型？

4. 简述中央银行的业务及其内容。

5. 简述中央银行的独立性。

参考答案

一、单项选择题

1. D　　2. D　　3. C　　4. A　　5. D　　6. C　　7. C　　8. D　　9. A
10. D　　11. B　　12. C　　13. C　　14. C　　15. D　　16. B　　17. D　　18. B
19. C　　20. C

二、多项选择题

1. ABCE　　　2. ACDE　　　3. BCDE　　　4. ABDE　　　5. ABE

三、判断题

1. F　　　2. F　　　3. F　　　4. F　　　5. F
6. T　　　7. F　　　8. T　　　9. T　　　10. T
11. T　　　12. F　　　13. F　　　14. T　　　15. F

四、简答题

1. 简述中央银行产生的必要性。

【参考答案】

统一银行券发行的需要；统一全国票据清算的需要；最后贷款人角色的需要；金融宏观调控的需要。

2. 简述中央银行的特征和职能。

【参考答案】

中央银行的基本特征：不以营利为目的；业务对象是一国政府和金融机构；资产具有较强的流动性；不在国外设立分支机构。

中央银行的基本职能：发行的银行；银行的银行；政府的银行；管理金融的银行。

3. 中央银行制度有哪些类型？

【参考答案】

单一中央银行制、复合中央银行制、跨国中央银行制、准中央银行制。

4. 简述中央银行的业务及其内容。

【参考答案】

中央银行的业务包括负债业务、资产业务、中间业务。

中央银行的负债业务，是指其投放基础货币，产生负债的业务，主要包括货币发行、集中存款准备金（准备金存款）、代理国库（政府存款）等内容。中央银行的资产业务，是指其运用货币资金的业务，主要包括再贴现与再贷款业务、证券买卖业务、黄金外汇储备业务等内容。中央银行的中间业务，资金清算业务是中央银行的主要中间业务。

5. 简述中央银行的独立性。

【参考答案】

中央银行的独立性是指中央银行在制定实施货币政策、调控监管一国金融时具有的相对自主性，即中央银行在法律的范围内制定和执行货币政策的自主程度。中央银行独立性遵循的基本原则是：中央银行应以一国宏观经济目标为出发点制定货币政策，按照金融运行规律实施业务操作，规避政府短期行为的干扰。中央银行的独立性分为两种不同的类型：目标独立性，即中央银行设定货币政策目标的能力；工具独立性，即中央银行使用货币政策工具的能力。

第十五章　货币供给

学习目标

本章主要介绍存款货币的创造机制和货币供给模型等内容。学完本章，你应该掌握：

- 存款准备金，原始存款和派生存款
- 存款货币的创造机制和存款乘数
- 基础货币，货币乘数，货币供给模型
- 货币供给的影响因素

本章重点回顾

➤➤ **存款货币创造机制和多倍存款创造模型**

◎存款货币创造的前提条件：部分准备金制度，转账结算

◎存款准备金：法定存款准备金，超额存款准备金

◎多倍存款货创造简化模型：$\Delta D = \dfrac{\Delta R}{rr}$ 或 $\Delta D = k \cdot \Delta R$

➤➤ **基础货币（MB=C+R）**

◎中央银行资产项目和负债项目变动对基础货币的影响

◎中央银行对其他货币的控制

➤➤ **货币乘数（M1 层次）**

$$m = \frac{c + 1}{c + rr + e}$$

➤➤ **货币供给模型（M1 层次）和货币供给影响因素**

$$M^s = \text{MB} * \frac{c + 1}{c + rr + e}$$

◎货币供给由中央银行、商业银行和社会公众共同决定

习题精练

一、单项选择题

1. 下列项目中不属于货币供给过程的参与者的是（　　）。

（A）商业银行

（B）中央银行

（C）存款者

（D）财政部

2. 法定存款准备金是银行_____的固定比例。（　　）。

（A）资产总额

（B）贷款总额

（C）存款总额

（D）负债总额

3. 如果中央银行向商业银行发放 1 亿元的贴现贷款，则（　　）。

（A）基础货币增加 1 亿元

（B）基础货币减少 1 亿元

（C）流通中的现金增加 1 亿元

（D）流通中的现金减少 1 亿元

4. 假定法定存款准备金率为 10%，如果银行吸收 50 万元原始存款，则这笔原始存款最多可能扩张到多少存款？（　　）。

（A）50 万元

（B）500 万元

（C）100 万元

（D）550 万元

5. 如果原始存款为 20 万元，派生存款为 80 万元，则存款乘数为（　　）。

（A）3

（B）4

（C）5

（D）6

6. 商业银行库存现金与其在中央银行的存款之和，减去超额存款准备金，等于（　　）。

（A）基础货币

（B）存款准备金

（C）法定存款准备金

（D）流通中的现金

7. 商业银行库存现金与其在中央银行的存款之和，加上流通中的现金，等于（　　）。

（A）基础货币

（B）存款准备金

（C）法定存款准备金

（D）超额存款准备金

8. 基础货币直接表现为中央银行的（　　）。

（A）资产

（B）负债

（C）流动性

（D）自有资金

9. 如果中央银行向某商业银行发放 100 万元贴现贷款，则银行系统中的准备金将会（　　）。

（A）增加 100 万元

（B）增加多于 100 万元

（C）减少 100 万元

（D）减少多于 100 万元

10. 如果中央银行向某商业银行出售国债 50 万元，则银行系统中的准备金将会（　　）。

（A）增加 50 万元

（B）增加多于 50 万元

（C）减少 50 万元

（D）减少多于 50 万元

11. 以下哪种情形会导致银行体系中的准备金减少？（　　）。

（A）中央银行进行公开市场购买

（B）社会公众将存款提现

（C）社会公众将现金存入银行

（D）中央银行向商业银行发放贴现贷款

12. 如果储户从他的支票账户中取出 500 元现金，则（　　）。

（A）基础货币减少 500 元

（B）基础货币增加 500 元

（C）流通中现金减少 500 元

（D）流通中现金增加 500 元

13. 以下哪种情形会导致基础货币减少？（　　）。

（A）中央银行向商业银行发放贴现贷款

（B）财政部在中央银行的存款减少了

（C）现金发行增加

（D）中央银行卖出国债

14. 中央银行可以主动精确控制的项目是（　　）。

（A）借入准备金

（B）非借入基础货币

（C）流通中的现金

（D）财政部存款的存放位置

15. 下列项目中，属于多倍存款创造前提条件的是（　　）。

（A）部分准备金制度

（B）全额准备金制度

(C) 存款保险制度

(D) 现金结算

16. 下列项目中，既属于商业银行资产负债表资产方，又属于中央银行资产负债表资产方的是（　　）。

(A) 存款准备金

(B) 流通中的现金

(C) 中央银行对商业银行贴现贷款

(D) 政府证券

17. 假定中央银行进行了 10 万元的公开市场购买，如果法定存款准备金率为 10%，这将导致银行体系的总存款（　　）。

(A) 增加了 10 万元

(B) 减少了 10 万元

(C) 增加了多于 10 万元

(D) 减少了多于 10 万元

18. 货币乘数是由以下哪几个主体共同决定的？（　　）。

(A) 中央银行、政府、社会公众

(B) 监管部门、商业银行、社会公众

(C) 中央银行、商业银行、社会公众

(D) 中央银行、监管部门、商业银行

19. 在基础货币不变的条件下，货币乘数越大，则货币供应量（　　）。

(A) 不变

(B) 越大

(C) 越小

(D) 不一定

20. 在其他因素不变的条件下，下列哪项将导致银行体系存款准备金减少？（　　）。

(A) 超额存款准备金率的提高

(B) 法定存款准备金率的提高

(C) 超额存款准备金率的降低

(D) 支票存款的增加

21. 现金比例的变化取决于（　　）的行为。

(A) 商业银行

(B) 中央银行

(C) 存款者

(D) 财政部

22. 如果法定存款准备金率为 11%，流通中的现金为 3 000 亿元，支票存款为8 000亿元，超额存款准备金为 120 亿元，那么货币乘数是（　　）。

(A) 2

  （B）2.56

  （C）2.75

  （D）3.53

23. 当其他条件不变时，法定存款准备金率下降会导致（　　　）。

  （A）货币乘数下降

  （B）货币乘数上升

  （C）法定存款准备金上升

  （D）超额存款准备金下降

24. 假设法定存款准备金率为13%，现金比率为24%，超额存款准备金率为3%，如果中央银行将基础货币减少10亿元，那么货币供给减少了（　　　）。

  （A）25亿元

  （B）31亿元

  （C）36亿元

  （D）75亿元

25. 货币供给量与非借入基础货币_____，与贴现贷款水平_____。（　　　）。

  （A）正相关；负相关

  （B）负相关；负相关

  （C）负相关；不相关

  （D）正相关；正相关

二、多项选择题

1. 商业银行创造存款货币的前提条件有（　　　）。

  （A）全额准备金制度

  （B）部分准备金制度

  （C）转账结算

  （D）现金结算

  （E）存款保险

2. 以下关系式，正确的是（　　　）。

  （A）存款准备金=法定存款准备金+超额存款准备金

  （B）存款准备金=商业银行库存现金+商业银行在中央银行的存款

  （C）法定存款准备金=法定存款准备金率×存款总额

  （D）超额存款准备金=存款准备金-法定存款准备金

  （E）超额存款准备金=法定存款准备金×超额存款准备金率

3. 商业银行创造存款货币要受哪些因素的限制？（　　　）。

  （A）法定存款准备金率

  （B）超额存款准备金率

  （C）货币流通速度

  （D）现金漏损率

  （E）汇率

 4. 下列哪些因素会使商业银行无法创造存款货币？（ ）

  （A）部分存款准备金

  （B）全额存款准备金

  （C）完全现金结算

  （D）转账结算

  （E）法定存款准备金

 5. 基础货币是下列哪几项之和？（ ）。

  （A）原始存款

  （B）派生存款

  （C）银行库存现金

  （D）存款准备金

  （E）流通中的现金

 6. 货币供应量的大小由哪些部门共同决定？（ ）。

  （A）中央银行

  （B）商业银行

  （C）税务部门

  （D）司法部门

  （E）社会公众

三、判断题

 1. 货币供应量是完全由中央银行决定的。

 2. 在大萧条中，商业银行的超额存款准备金率会大幅度降低。

 3. 根据货币乘数公式可知，法定存款准备金率的降低，将导致货币乘数的减少。

 4. 商业银行的库存现金和商业银行在中央银行的存款之和是基础货币。

 5. 中央银行的公开市场购买会引起基础货币的减少。

 6. 在影响基础货币量变动的因素中，存款向现金转化是最主要的影响因素。

 7. 现金比率的变动主要取决于中央银行的行为。

 8. 在其他条件不变时，中央银行在公开市场买入国债，会导致借入准备金的增加。

 9. 中央银行不能够精确地控制非借入基础货币的规模。

 10. 基础货币具有一定的稳定性，不论存款转化为现金，还是现金转化为存款，基础货币都保持不变。

 11. 商业银行的存款准备金可分为法定存款准备金和超额存款准备金。

 12. 在多倍存款创造中，如果商业银行购买证券而非发放贷款将导致存款扩张程度受限。

 13. 商业银行的多倍存款创造能力与其法定存款准备金率成正比。

 14. 商业银行存入中央银行的准备金与社会公众所持有的现金之和是货币供应量。

15. 货币供应量与基础货币之比被称为货币乘数。

四、简答题

1. 商业银行创造存款货币的前提条件是什么？

2. 为什么说基础货币具有稳定性？

3. 请分析说明中央银行是否能完全掌控货币供给量。

4. 货币供给过程的参与者有哪些？他们如何影响货币供给？

5. 中央银行通过哪些渠道影响货币供给？

6. 哪些因素会对基础货币产生影响？

7. 区分借入准备金和非借入基础货币的重要意义是什么？

8. 哪些因素会对货币乘数产生影响？

9. 若在简化的中央银行资产负债表 T 形账户中，资产项目有政府债券和贴现贷款，负债项目有流通中现金和准备金存款。请回答：

（1）若中央银行向商业银行购买 2 亿元政府债券，这一行为对中央银行和商业银行 T 账户的影响有哪些？

（2）若中央银行向商业银行发放 1 亿元贴现贷款，这一行为对中央银行和商业银行 T 账户的影响有哪些？

（3）请解释什么是基础货币，并分析以上行为对基础货币的变动影响。

五、计算题

1. 假定小王存入 100 元现金于 M 银行，并假定法定存款准备金率为 10%，银行超额存款准备金率为 0%，且非银行部门仅持有存款（不持有现金）。

（1）M 银行的 T 形账户如何变化？

（2）如果 M 银行将超额存款准备金作为贷款放出，借款者将该贷款存入 A 银行，则 M 银行和 A 银行的 T 形账户如何变化？

（3）如果 A 银行将上述因新存款所致的超额准备金作为贷款放出，借款者将得到的贷款存入 B 银行，则 A 银行和 B 银行的 T 形账户如何变化？

2. 给定流通中的现金为 10 亿元，银行体系在央行的存款为 100 亿元，银行库存现金为 10 亿元，活期存款总量为 1 000 亿元，不考虑定期定款，请计算：

（1）基础货币 MB。

（2）货币供给量 M1。

（3）货币乘数 m。

3. 根据下列数字，计算相关结果：

给定：法定存款准备金（RR）= 40 亿元，超额存款准备金（ER）= 10 亿元，流通中的现金（C）= 50 亿元，活期存款（D）= 500 亿元，计算：

（1）现金比率（现金漏损率，c）= ＿＿＿＿＿＿＿＿＿＿＿＿＿＿＿

（2）法定存款准备金率（rr）= ＿＿＿＿＿＿＿＿＿＿＿＿＿＿

（3）超额存款准备金率（e）= ＿＿＿＿＿＿＿＿＿＿＿＿＿＿

（4）基础货币（MB）= _____

（5）货币乘数（m）= _____

4. 已知法定存款准备金率为 14%，流通中的现金为 8 亿元，支票存款数额为 200 亿元，超额存款准备金数额为 4 亿元。计算：

（1）现金比率、超额存款准备金率、货币乘数、法定存款准备金数额、准备金数额、基础货币和货币供给量。

（2）当法定存款准备金率由 14% 下降到 10% 时，求此时的货币乘数、货币供给量和支票存款数额。

参考答案

一、单项选择题

1. D	2. C	3. A	4. B	5. C	6. C	7. A	8. B	9. A
10. C	11. B	12. D	13. D	14. B	15. A	16. D	17. C	18. C
19. B	20. C	21. C	22. C	23. B	24. B	25. D		

二、多项选择题

1. BC	2. ABCD	3. ABD	4. BC	5. DE
6. ABE				

三、判断题

1. F	2. F	3. F	4. F	5. F
6. F	7. F	8. F	9. F	10. T
11. T	12. F	13. F	14. F	15. T

四、简答题

1. 商业银行创造存款货币的前提条件是什么？

【参考答案】

商业银行是通过吸收存款来发放贷款的，在它的存贷过程中会产生一个存款货币创造的过程。但这种创造是有条件的，受到若干因素的制约。一般而言，只有同时具备了部分准备金制度和转账结算这两个前提条件，商业银行才能创造派生存款。

2. 为什么说基础货币具有稳定性？

【参考答案】

基础货币包括流通中的现金和存款准备金，基础货币具有稳定性，不论存款转化为现金，还是现金转化为存款，基础货币都保持不变。

当存款转化为现金时（也就是客户到银行提取现金时）——银行要用存款准备金来支付现金的提取，因此存款准备金减少了，其减少量等于流通中现金的增加量，从而基础货币不变。

当现金转化为存款时（也就是客户把现金存入银行时）——流通中的现金减少，银行存款准备金等量增加，从而基础货币不变。

3. 请分析说明中央银行是否能完全掌控货币供给量。

【参考答案】

不能。

货币供给决定于货币供给公式中的所有变量因素：基础货币、法定存款准备金率——由中央银行决定。超额准备金比率——由商业银行决定。通货比率——由社会公众决定。

4. 货币供给过程的参与者有哪些？他们如何影响货币供给？

【参考答案】

货币供给过程有三个参与者：中央银行、商业银行、社会公众。各方参与者通过对基础货币或货币乘数产生影响，进而影响货币供给。其中，中央银行通过公开市场操作和向银行发放贴现贷款控制基础货币；中央银行还通过调整法定准备金率影响货币乘数。商业银行和社会公众分别通过影响超额准备金率和现金比率来影响货币乘数。

5. 中央银行通过哪些渠道影响货币供给？

【参考答案】

中央银行可以通过公开市场操作，影响非借入基础货币，导致基础货币变动，进而货币供给变动；中央银行可以通过贴现贷款，影响借入准备金，导致基础货币变动，进而货币供给变动；中央银行可以通过调整法定存款准备金率，影响货币乘数，导致货币供给变动。

6. 哪些因素会对基础货币产生影响？

【参考答案】

以下因素会对基础货币产生影响：（1）买卖政府债券——中央银行的公开市场操作；（2）中央银行的贴现贷款和放款；（3）外汇、黄金储备的变动；（4）财政存款的变动；（5）外国存款的变动。

7. 区分借入准备金和非借入基础货币的重要意义是什么？

【参考答案】

中央银行通过公开市场操作可以对非借入基础货币进行主动精确地控制；但是中央银行对贴现贷款发放形成的借入准备金无法精确控制，因为还要受到商业银行的影响。

8. 哪些因素会对货币乘数产生影响？

【参考答案】

以下三方面因素会对货币乘数产生影响：（1）中央银行制定的法定存款准备金率；

（2）商业银行持有的超额存款准备金率；（3）社会公众持有的现金比率。

9. 若在简化的中央银行资产负债表 T 形账户中，资产项目有政府债券和贴现贷款，负债项目有流通中现金和准备金存款。请回答：

（1）若中央银行向商业银行购买 2 亿元政府债券，这一行为对中央银行和商业银行 T 账户的影响有哪些？

【参考答案】

中央银行

资产		负债	
政府债券	+2 亿元	准备金存款	+2 亿元

商业银行

资产		负债	
准备金	+2 亿元		
政府债券	−2 亿元		

（2）若中央银行向商业银行发放 1 亿元贴现贷款，这一行为对中央银行和商业银行 T 账户的影响有哪些？

【参考答案】

中央银行

资产		负债	
贴现贷款	+1 亿元	准备金	+1 亿元

商业银行

资产		负债	
准备金	+1 亿元	央行贴现贷款	+1 亿元

（3）请解释什么是基础货币，并分析以上行为对基础货币的变动影响。

【参考答案】

基础货币等于流通中的现金和银行存款准备金的总和，它是商业银行创造存款货币的源头和基础。

基础货币分别增加 2 亿元和 1 亿元。

五、计算题

1. 假定小王存入 100 元现金于 M 银行，并假定法定存款准备金率为 10%，银行超额存款准备金率为 0%，且非银行部门仅持有存款（不持有现金）。

（1）M 银行的 T 形账户如何变化？

【参考答案】

M 银行

资产		负债	
准备金	+100 元	存款	+100 元

（2）如果 M 银行将超额存款准备金作为贷款放出，借款者将该贷款存入 A 银行，则 M 银行和 A 银行的 T 形账户如何变化？

【参考答案】

M 银行

资产		负债	
准备金	−90 元		
贷款	+90 元		

A 银行

资产		负债	
准备金	+90 元	存款	+90 元

（3）如果 A 银行将上述因新存款所致的超额准备金作为贷款放出，借款者将得到的贷款存入 B 银行，则 A 银行和 B 银行的 T 形账户如何变化？

【参考答案】

A 银行

资产		负债	
准备金	−81 元		
贷款	+81 元		

B 银行

资产		负债	
准备金	+81 元	存款	+81 元

2. 给定流通中的现金为 10 亿元，银行体系在央行的存款为 100 亿元，银行库存现金为 10 亿元，活期存款总量为 1 000 亿元，不考虑定期定款，请计算：

（1）基础货币 MB。

【参考答案】
$$MB = C + R = 10 + (100 + 10) = 120 （亿元）$$

（2）货币供给量 M1。

【参考答案】

$$M1 = C + D = 10 + 1\ 000 = 1010（亿元）$$

（3）货币乘数 m。

【参考答案】

$$m = M1/MB = 1\ 010/120 \approx 8.42$$

3. 根据下列数字，计算相关结果：

给定：法定存款准备金（RR）= 50 亿元，超额存款准备金（ER）= 10 亿元，流通中的现金（C）= 40 亿元，活期存款（D）= 500 亿元，计算：

【参考答案】

（1）现金比率（现金漏损率，c）= $C/D = 8\%$

（2）法定存款准备金率（rr）= RR$/D = 10\%$

（3）超额存款准备金率（e）= ER$/D = 2\%$

（4）基础货币（MB）= $C + R = 40 +（50 + 10）= 100$

（5）货币乘数（m）=（$c + 1$）/（c + rr + e）= 5.4

4. 已知法定存款准备金率为 14%，流通中的现金为 8 亿元，支票存款数额为 200 亿元，超额存款准备金数额为 4 亿元。计算：

（1）现金比率、超额存款准备金率、货币乘数、法定存款准备金数额、准备金数额、基础货币和货币供给量。

【参考答案】

现金比率 c：

$$c = \frac{C}{D} = \frac{8}{200} = 0.04$$

超额存款准备金率 e：

$$e = \frac{ER}{D} = \frac{4}{200} = 0.02$$

货币乘数 m：

$$m = \frac{1 + c}{rr + e + c} = \frac{1 + 0.04}{0.14 + 0.02 + 0.04} = 5.2$$

法定存款准备金 RR：

$$RR = D \times rr = 200 \times 14\% = 28（亿元）$$

准备金 R：

$$R = RR + ER = 28 + 4 = 32（亿元）$$

基础货币 MB：

$$MB = C + R = 8 + 32 = 40（亿元）$$

货币供给量 M：

方法一：$M = C + D = 8 + 200 = 208（亿元）$

方法二：$M = \text{MB} \times m = 40 \times 5.2 = 208(亿元)$

（2）当法定存款准备金率由 14% 下降到 10% 时，求此时的货币乘数、货币供给量和支票存款数额？

【参考答案】

新的货币乘数 m'：

$$m' = \frac{1 + c}{\text{rr}' + e + c} = \frac{1 + 0.04}{0.1 + 0.02 + 0.04} = 6.5$$

新的货币供给量 M'：

$$M' = \text{MB} \times m' = 40 \times 6.5 = 260(亿元)$$

新的支票存款数额 D'：

方法一：

因为 $M' = C + D' = c \times D' + D' = (1 + c) \times D'$；

所以

$$D' = \frac{M'}{1 + c} = \frac{260}{1 + 0.04} = \frac{260}{1.04} = 250(亿元)$$

方法二：

因为 $\text{MB} = C' + R' = C' + \text{RR}' + \text{ER}'$

$= c \times D' + \text{rr}' \times D' + e \times D' = (\text{rr}' + e + c)D'$

所以

$$D' = \frac{\text{MB}}{\text{rr}' + e + c} = \frac{40}{0.04 + 0.02 + 0.1} = \frac{40}{0.16} = 250(亿元)$$

第十六章 货币需求

学习目标

本章主要介绍货币需求的含义并重点学习几个重要的货币需求理论。学完本章，你应该掌握：

· 古典货币数量论
· 凯恩斯的流动性偏好理论
· 弗里德曼的现代货币数量论

本章重点回顾

▶▶ **古典货币数量论**

◎费雪交易方程式：$M \times V = P \times Y$

◎货币需求必函数：$M^{d} = k \times PY$

▶▶ **凯恩斯的货币需求理论：流动性偏好理论**

◎持币动机分析：交易动机，预防动机，投机动机

◎货币需求函数：$\dfrac{M^{d}}{P} = L(i, Y)$

◎凯恩斯货币需求理论要点

▶▶ **弗里德曼的货币需求理论：现代货币数量论**

◎货币需求影响因素分析：$\dfrac{M^{d}}{P} = f(y_p, \omega; r_m, r_b, r_e; \pi^{e}; \mu)$

◎货币需求函数：$\dfrac{M^{d}}{P} = f(i, y_p)$

◎实证分析后可以进一步简化为：$\dfrac{M^{d}}{P} = f(y_p)$

◎弗里德曼货币需求理论要点

习题精练

一、单项选择题

1. 货币流通速度的定义是（　　）。

（A）月度平均实际货币余额

    （B）一定时期内一单位货币购买总商品或资产的平均次数

    （C）年度人均消费额

    （D）金融圈周转一周所需要的平均月份

2. 根据古典货币数量论，如果货币数量减少 1/3，则（　　）。

    （A）实际产出将下降 1/3

    （B）流通速度将下降 1/3

    （C）价格水平将下降 1/3

    （D）产出将下降 1/6，价格水平将下降 1/6

3. 古典经济学家认为，在短期内，货币流通速度可以被看成一个常数，这是因为（　　）。

    （A）持有货币的机会成本几乎为零

    （B）历史性数据显示货币流通速度为常数

    （C）金融创新趋于抵消利率的变动

    （D）决定货币流通速度的制度和技术等因素，在短期内很难改变

4. 根据费雪交易方程式，如果实际收入为 5 万亿元，价格水平为 2，货币流通速度为 4，货币数量为多少？（　　）。

    （A）8 万亿元

    （B）2 万亿元

    （C）2.5 万亿元

    （D）20 万亿元

5. 古典经济学家做了如下哪两个假定？（　　）。

    （A）货币流动速度是常数；工资和价格是具有黏性的

    （B）货币流通速度是变化的；工资和价格是具有黏性的

    （C）货币流通速度是常数；工资和价格是具有弹性的

    （D）货币流通速度是变化的；工资和价格是具有弹性的

6. 根据货币数量理论，_____的变动仅由_____的变化引起。（　　）。

    （A）价格水平；利率

    （B）实际产出；利率

    （C）价格水平；货币数量

    （D）实际产出；货币数量

7. 主张采取"相机抉择"的办法调节社会有效需求，维持经济稳定的经济学家是（　　）。

    （A）弗里德曼

    （B）凯恩斯

    （C）马克思

    （D）费雪

8. 根据凯恩斯流动性偏好理论，持有货币的三大动机为（　　）。

    （A）计账单位、价值贮藏、交换媒介

　　（B）交易动机、预防动机、投机动机

　　（C）积极动机、规范动机、投资动机

　　（D）交易动机、预防动机、流动性动机

9. 以下哪种货币需求动机认为，人们持有实际货币余额是为了应对未来预料之外的需求？（　　）。

　　（A）数量动机

　　（B）投机动机

　　（C）预防动机

　　（D）交易动机

10. 当处于流动性陷阱时（　　）。

　　（A）人们普遍预期未来利率将下降，愿意持有货币而不愿持有债券

　　（B）人们普遍预期未来利率将上升，愿意持有债券而不愿持有货币

　　（C）人们普遍预期未来利率将下降，愿意持有债券而不愿持有货币

　　（D）人们普遍预期未来利率将上升，愿意持有货币而不愿持有债券

11. 凯恩斯的流动性偏好理论认为货币流通速度（　　）。

　　（A）会明显波动而且具有顺周期性

　　（B）会明显波动而且具有逆周期性

　　（C）为常数

　　（D）不是常数但是可以预测

12. 根据凯恩斯的投机性货币需求，如果利率高于一般水平，人们将（　　）。

　　（A）持有货币，认为债券会导致资本损失

　　（B）持有债券，认为债券会获得资本利得

　　（C）持有货币，认为债券会获得资本利得

　　（D）持有债券，认为债券会导致资本损失

13*. 下面两幅图显示了两种不同的货币持有模式。你会愿意从模式 A 变为模式 B，只要（　　）。

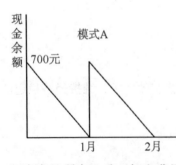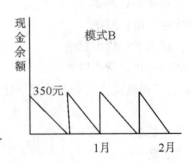

　　（A）国库券的利率上升，佣金费用上升

　　（B）国库券的利率下降，佣金费用上升

　　（C）国库券的利率上升，佣金费用下降

　　（D）国库券的利率下降，佣金费用下降

14*. 如上图所示是两种不同的货币持有模式，模式 A 和模式 B 的平均现金余额为（　　）。

（A）700；350

（B）350；700

（C）175；350

（D）350；175

15. 弗里德曼的货币需求理论认为货币流通速度为（　　）。

（A）不明确的

（B）不是常数而且不可预测

（C）不是常数但是可以预测

（D）逆周期的

16. 由（　　）所产生的货币需求合称为交易性货币需求。

（A）数量动机和交易动机

（B）交易动机和预防动机

（C）数量动机和预防动机

（D）交易动机和投机动机

17. 根据弗里德曼的货币需求理论，货币需求最终依赖于（　　）。

（A）永久性收入

（B）本期收入比永久性收入的比率

（C）永久性收入和债券的回报率

（D）永久性收入和货币的回报率

18. 按照弗里德曼的观点，在经济周期处于衰退时，收入下降的幅度_____永久性收入，会导致货币流通速度的_____。（　　）。

（A）大于；上升

（B）小于；上升

（C）大于；下降

（D）小于；下降

19. 根据凯恩斯的货币需求理论，持有货币的动机中，以下哪个与利率有关？（　　）。

（A）交易动机

（B）预防动机

（C）保险动机

（D）投机动机

20. 弗里德曼的货币需求理论认为（　　）。

（A）货币需求的利率弹性较大，收入弹性较小

（B）货币需求的利率弹性较小，收入弹性较大

（C）货币需求的利率弹性和收入弹性都较小

（D）货币需求的利率弹性和收入弹性都较大

二、多项选择题

1. 弗里德曼认为货币需求是稳定的，是因为通过实证研究得出（　　）。
   （A）利率不会经常波动
   （B）利率经常波动，但货币需求的利率弹性很低
   （C）货币需求不受利率和收入影响
   （D）货币需求的收入弹性很高，但恒久收入本身稳定
   （E）收入经常波动，但货币需求的收入弹性很低

2. 凯恩斯认为，人们持有货币的动机有（　　）。
   （A）交易性动机
   （B）储藏性动机
   （C）预防性动机
   （D）投机性动机
   （E）支付性动机

3. 凯恩斯货币需求理论认为（　　）。
   （A）交易性货币需求是收入的增函数
   （B）投机性货币需求是收入的减函数
   （C）交易性货币需求是利率的增函数
   （D）投机性货币需求是利率的减函数
   （E）支付性货币需求是收入的减函数

4. 弗里德曼把影响货币需求的因素划分为（　　）。
   （A）财富总量
   （B）货币及其他各种资产的预期收益率
   （C）流量
   （D）财富持有者的偏好
   （E）存量

5. 关于凯恩斯货币需求理论要点的相关表述，正确的有（　　）。
   （A）利率是决定货币需求的重要因素
   （B）收入对货币需求没有影响
   （C）由于利率频繁波动，货币需求函数不稳定
   （D）货币流通速度并非常量，而是与波动剧烈的利率正相关
   （E）相机抉择的货币政策主张

三、判断题

1. 货币需求理论的一个中心问题是利率变动对货币需求到底有没有影响，以及影响有多大。

2. 弗里德曼的理论意味着货币流通速度是可预测的，货币需求非常稳定，主要取决于永久性收入。

3. 古典货币数量论最重要的含义是利率影响货币需求。

4. 费雪认为货币流通速度由制度和技术等因素决定，在短期内是稳定不变的。

5. 凯恩斯的货币需求理论认为，由于利率频繁波动，货币需求函数不稳定。

6. 由费雪交易方程式可见，货币需求与货币流通速度是正相关的。

7. 按照投机性货币需求，当利率高于一般水平时，人们选择持有货币而非债券。

8. 弗里德曼的货币需求理论主张相机抉择的货币政策。

9. 凯恩斯的货币需求理论认为，交易性货币需求是收入的增函数。

10. 根据凯恩斯的货币需求理论，当陷入流动性陷阱时，投机性货币需求为零。

11. 弗里德曼的货币需求理论认为利率对货币需求的影响非常小。

12. 凯恩斯的货币需求理论认为，交易性、预防性和投机性货币需求均与利率呈反方向变动关系。

13. 货币需求对利率的敏感程度越高，则货币流通速度越容易预测。

14. 如果货币需求对利率极度敏感，则存在流动性陷阱。

15. 弗里德曼的货币需求函数解释了货币流通速度是逆周期波动的。

四、简答题

1. 简述古典货币数量论中的现金交易说。

2. "流动性偏好"指的是什么？凯恩斯货币需求理论认为持有货币的三大动机是什么？

3. 简述凯恩斯的货币需求理论。

4. 简述费雪的古典货币数量论和凯恩斯的流动性偏好理论的主要区别。

5. 简述弗里德曼货币需求理论。

6. 什么是"流动性陷阱"？

7. 什么是永久性收入？与当期收入有何不同？

8. 为什么凯恩斯主义主张相机抉择的货币政策而弗里德曼的货币主义主张单一规则？

五、计算题

1. 根据古典货币数量理论，计算或回答以下各小题：

（1）假设名义 GDP 为 15 万亿元，货币数量为 5 万亿元，计算货币流通速度。

（2）假设名义总收入为 20 万亿元，货币流通速度为 2，货币需求是多少？

（3）假设初始货币数量为 10 万亿元，现在增长到 13 万亿元，那么价格水平将会发生怎样的变化？

2*. 假定你通过做兼职每月月初可以赚到 1 800 元并以现金形式持有，一个月内均匀地用于消费。

（1）你的平均现金余额为多少？你的货币流通速度是多少？

（2）现在假定利率已经上升，你打算用你的一半现金用来买债券。在月中你将债券转化为现金，你的平均现金余额为多少？你的货币流通速度是多少？

（3）持有货币的成本和收益是什么？当利率上升后，你为什么决定减少你的平均现金余额？

参考答案

一、单项选择题

1. B　2. C　3. D　4. C　5. C　6. C　7. B　8. B　9. C

10. D　11. A　12. B　13*. C　14*. D　15. C　16. B　17. A　18. C

19. D　20. B

二、多项选择题

1. BD　　2. ACD　　3. AD　　4. ABD　　5. ACDE

三、判断题

1. T　　2. T　　3. F　　4. T　　5. T

6. F　　7. F　　8. F　　9. T　　10. F

11. T　　12. F　　13. F　　14. T　　15. F

四、简答题

1. 简述古典货币数量论中的现金交易说。

【参考答案】

美国经济学家费雪创立了现金交易学说，并提出了著名的交易方程式：$M \times V = P \times Y$。现金交易说认为货币需求仅为收入的函数：$M = \frac{1}{V} \times PY$。因为 V 在短期内稳定不变，因此货币需求 M 与 PY 正相关。可以看出货币需求取决于两个因素：由名义收入支持的交易规模，以及经济中影响人们的交易方式并进而决定货币流通速度和的制度因素。利率对货币需求没有影响。强调货币的交易职能。

2. "流动性偏好"指的是什么？凯恩斯货币需求理论认为持有货币的三大动机是什么？

【参考答案】

所谓流动性偏好，是指人们在心理上偏好流动性，愿意持有流动性最强的货币而不愿意持有其他缺乏流动性的资产的欲望。

凯恩斯将人们持有货币的动机分为三类：交易动机、预防动机和投机动机。交易动机是指人们为满足日常交易活动需要而持有货币的动机。预防动机（又称谨慎动机），是指人们为应对预料之外的需求而持有货币的动机。人们还会出于财富储藏的目的而持有货币，他将这一持有货币的原因称为投机动机。

3. 简述凯恩斯的货币需求理论。

【参考答案】

凯恩斯对货币需求动机进行了分析，认为人们持有货币的动机是因为流动性偏好，并区分为交易动机、预防动机和投机动机。进一步凯恩斯把前面两种动机所产生的货币需求称之为交易性货币需求，其大小和收入成正相关；而把由投机动机产生的货币需求称之为投机性货币需求，其大小与利率成反比。凯恩斯货币需求理论强调利率的重要性，强调相机抉择的货币政策。

4. 简述费雪的古典货币数量论和凯恩斯的流动性偏好理论的主要区别。

【参考答案】

持有货币的动机方面的区别。费雪的古典货币数量论认为，持有货币的动机是交易性需求。凯恩斯的流动性偏好理论假设人们持有货币的动机有三种：交易动机、预防动机、投机动机。

货币流通速度方面的区别。费雪的古典货币数量论认为，货币流通速度为常量。凯恩斯的流动性偏好理论认为，货币流通速度并非常量，而与波动剧烈的利率正相关。

货币需求函数方面的区别。费雪的古典货币数量论认为，货币需求取决于名义收入，利率对货币需求没有任何影响。凯恩斯的流动性偏好理论认为，货币需求的交易性部分和预防性部分与收入成正相关，货币需求的投机部分与利率水平负相关，即，实际货币需求余额和利率负相关，与实际收入正相关。

5. 简述弗里德曼货币需求理论。

【参考答案】

弗里德曼认为影响资产需求的因素也必定会影响货币需求，通过把收入、货币和其他资产等变量纳入货币需求公式，并通过实证研究表明：货币需求的利率弹性较小，收入弹性较大。该理论认为：利率对货币需求的影响甚微；货币需求主要取决于永久收入，货币需求是稳定的。政策主张：单一规则。

6. 什么是"流动性陷阱"？

【参考答案】

流动性陷阱是指当一定时期的利率水平降低到不能再低时，货币需求弹性就会变得无限大，即无论增加多少货币，都会被人们储存起来，有如无底洞一般。

发生流动性陷阱时，再宽松的货币政策也无法改变市场利率，使得货币政策失效。

7. 什么是永久性收入？与当期收入有何不同？

【参考答案】

永久性收入是预期长期收入的平均值，常用过去、现在及未来预期收入的加权平均来计算。相较于当期收入，永久性收入短期内的波动很小。

8. 为什么凯恩斯主义主张相机抉择的货币政策而弗里德曼的货币主义主张单一规则？

【参考答案】

凯恩斯主义的货币需求模型认为利率是决定货币需要的重要因素。在社会总需求不足的情况下，可以通过增加货币供给量，降低利率，从而增加投资需求，促进经济增长。反之则反向操作。于是得出了相机抉择的货币主张。

弗里德曼的货币主义货币需求模型认为，利率对货币需求的影响甚微，货币需求主要取决于永久性收入，货币需求是稳定的。因此认为货币供给应保持与收入的一定比例，主张单一规则的货币政策。

五、计算题

1. 根据古典货币数量理论，计算或回答以下各小题：

（1）假设名义 GDP 为 15 万亿元，货币数量为 5 万亿元，计算货币流通速度。

【参考答案】

$$V = \frac{PY}{M} = \frac{15}{5} = 3$$

（2）假设名义总收入为 20 万亿元，货币流通速度为 2，货币需求是多少？

【参考答案】

$$M = \frac{PY}{V} = \frac{20}{2} = 10(万亿元)$$

（3）假设初始货币数量为 10 万亿元，现在增长到 13 万亿元，那么价格水平将会发生怎样的变化？

【参考答案】

因为 $MV=PY$，货币流通速度 V 和实际产出 Y 短期是稳定的，因此价格水平变化完全源自货币量的同比例变化。所以，价格水平上升 30%。

2*. 假定你通过做兼职每月月初可以赚到 1 800 元并以现金形式持有，一个月内均匀地用于消费。

（1）你的平均现金余额为多少？你的货币流通速度是多少？

【参考答案】

平均现金余额是 900 元，货币流通速度为 24。

（2）现在假定利率已经上升，你打算用你的一半现金用来买债券。在月中你将债券转化为现金，你的平均现金余额为多少？你的货币流通速度是多少？

【参考答案】

平均现金余额是 450 元，货币流通速度为 48。

（3）持有货币的成本和收益是什么？当利率上升后你为什么决定减少你的平均现金余额？

【参考答案】

持有货币的成本是放弃了在债券上可以获得的收益。持有货币的收益是它可以避免持有债券而产生的交易成本。当利率上升，持有货币的成本上升，你会更愿意持有债券并承担交易成本。

第十七章　货币政策目标与工具

学习目标

本章主要介绍货币政策最终目标、中间目标和货币政策工具。学完本章，你应该掌握：

· 货币政策的最终目标，以及不同目标的一致性或矛盾之处。

· 货币政策中间目标选择标准，以及常用货币政策中间目标。

· 常规货币政策工具和非常规货币政策工具，以及操作原理和方法。

本章重点回顾

▷▷　**货币政策最终目标**

◎物价稳定，充分就业，经济增长，国际收支平衡，……

▷▷　**货币政策中间目标**

◎选择标准：可测性，可控性，相关性

◎主要的货币政策中间目标：利率，货币供给量，……

▷▷　**常规货币政策工具**

◎公开市场操作：作用机制，优点和运行条件

◎贴现政策：作用机制，优缺点

◎法定存款准备金政策：作用机制，优缺点

▷▷　**非常规货币政策工具**

◎量化宽松政策和大规模资产购买；负利率政策；前瞻性指引

习题精练

一、单项选择题

1. 为实现既定经济目标，运用各种工具调节货币供应量和利率，进而影响宏观经济的政策和措施的总和被称为（　　　）。

　　（A）宏观政策

　　（B）微观政策

　　（C）货币政策

　　（D）财政政策

2. 作为货币政策最终目标的物价稳定是指（　　）。

（A）个别商品价格固定不变

（B）商品相对价格稳定

（C）一般物价水平固定不变

（D）一般物价水平相对稳定

3. 作为货币政策最终目标的充分就业，以下描述正确的是（　　）。

（A）充分就业状态下，失业率为零

（B）充分就业状态下，存在自然失业率

（C）充分就业状态下，不存在摩擦性失业

（D）充分就业状态下，不存在结构性失业

4. 下列哪项属于常规货币政策工具？（　　）。

（A）窗口指导

（B）优惠利率

（C）再贴现政策

（D）基础货币

5. 中央银行在金融市场上大量购进有价证券，意味着货币政策（　　）。

（A）放松

（B）紧缩

（C）不变

（D）不确定

6. 现代市场经济条件下，最具有灵活性的货币政策工具是（　　）。

（A）法定存款准备金政策

（B）贴现政策

（C）公开市场操作

（D）道义劝说

7. 最具有强制性的货币政策工具是（　　）。

（A）法定存款准备金政策

（B）贴现政策

（C）公开市场操作

（D）窗口指导

8. 货币政策最终目标中，哪项越来越被视作货币政策最重要的目标？（　　）。

（A）充分就业

（B）物价稳定

（C）经济增长

（D）国际收支平衡

9. 以下关于公开市场操作的优点描述，哪项是不正确的？（　　）。

（A）公开市场操作能完全控制交易量

（B）公开市场操作无须发达的金融市场

（C）公开市场操作可以进行灵活、精确的交易

（D）公开市场操作可以迅速执行

10. 下列不是货币政策的最终目标是（　　）。

（A）充分就业

（B）经济增长

（C）物价稳定

（D）国际收支顺差

11. 菲利普斯曲线反映下列哪两者之间此消彼长的关系？（　　）。

（A）通货膨胀率与失业率

（B）经济增长与失业率

（C）通货紧缩与经济增长

（D）通货膨胀与经济增长

12. 下列货币政策操作中，引起货币供应量增加的是（　　）。

（A）提高法定存款准备率

（B）提高利率

（C）降低再贴现率

（D）中央银行卖出债券

13. 中央银行降低法定存款准备金率时，商业银行（　　）。

（A）可贷资金量减少

（B）可贷资金量增加

（C）可贷资金量不受影响

（D）可贷资金量不确定

14. 一般来说，中央银行提高再贴现率时，会使商业银行（　　）。

（A）提高贷款利率

（B）降低贷款利率

（C）贷款利率升降不确定

（D）贷款利率不受影响

15. 下列哪项不是通过直接影响基础货币变动实现调控的货币政策工具？（　　）。

（A）法定存款准备金政策

（B）公开市场操作

（C）贴现政策

（D）量化宽松

16. 在经济萧条时期，中央银行一般不会选择的货币政策工具操作是（　　）。

（A）降低法定准备金率

（B）公开市场购买

（C）公开市场卖出

（D）降低贴现利率

17. 下列哪项货币政策工具，由于对货币供给量的作用过于猛烈且缺乏弹性，中央银行在使用时一般比较谨慎？（　　）。
    （A）公开市场操作
    （B）窗口指导
    （C）贴现政策
    （D）法定存款准备金政策

18. 以下哪种情形会导致银行体系中的准备金减少？（　　）。
    （A）中央银行在公开市场卖出国债
    （B）中央银行降低法定存款准备金率
    （C）社会公众将现金存入银行
    （D）中央银行向商业银行发放贴现贷款

19. 旨在改变准备金和基础货币规模的公开市场操作，称为（　　）。
    （A）主动型公开市场操作
    （B）防御型公开市场操作
    （C）反向交易
    （D）常备借贷便利

20. 当中央银行想要减少银行系统内部的存款准备金时，它可以（　　）。
    （A）购买政府债券
    （B）卖出政府债券
    （C）增加对商业银行的贷款
    （D）提高法定存款准备金率

二、多项选择题

1. 下列属于常规货币政策工具的是（　　）。
    （A）基础货币
    （B）基准利率
    （C）公开市场操作
    （D）贴现政策
    （E）法定存款准备金政策

2. 下列属于非常规货币政策工具的是（　　）。
    （A）负利率政策
    （B）信贷配合
    （C）大规模资产购买
    （D）量化宽松
    （E）前瞻性指引

3. 从世界各国来看，货币政策的最终目标主要包括（　　）。
    （A）稳定物价
    （B）经济增长

（C）充分就业

（D）社会稳定

（E）国际收支平衡

4. 货币政策在兼顾哪两个目标时存在困难？（　　）。

（A）物价稳定与充分就业

（B）物价稳定与经济增长

（C）物价稳定与国际收支平衡

（D）经济增长与国际收支平衡

（E）经济增长与充分就业

5. 下列关于存款准备金政策的描述，正确的有（　　）。

（A）能对货币供给量产生迅速、有力、广泛的影响。

（B）如果商业银行超额存款准备金很低，会引起流动性问题

（C）对于金融机构而言较为客观、公平

（D）存款准备金政策缺乏弹性

（E）可较好地体现中央银行的政策意图

6. 下列关于公开市场操作的描述，正确的有（　　）。

（A）能影响基础货币

（B）能影响不同期限的利率

（C）不容易控制交易量

（D）公开市场操作要求金融市场发达

（E）操作速度较慢

7. 下列关于贴现政策的描述，正确的有（　　）。

（A）贴现政策的使用主要表现在中央银行改变贴现对象上

（B）当中央银行想增加货币供给量时，可以降低贴现利率

（C）贴现政策能够影响基础货币量

（D）贴现政策无法影响银行体系的准备金

（E）中央银行可以通过升降贴现利率来显示其政策意图

8. 当经济发生衰退时，可采取的货币政策操作有（　　）。

（A）提高再贴现率

（B）降低法定存款准备金率

（C）中央银行购进有价证券

（D）量化宽松

（E）降低利率

9. 货币政策中间目标的选择标准包括（　　）。

（A）统一性

（B）可控性

（C）相关性

（D）可测性

（E）流动性

10. 紧缩的货币政策实施的手段主要包括（　　）。

（A）提高法定存款准备金率

（B）降低存贷款利率

（C）提高贴现利率

（D）央行出售政府债券

（E）增加公开市场的买入

三、判断题

1. 货币政策是一种宏观经济政策而非微观经济政策。

2. 一国货币政策的最终目标主要包括物价稳定、经济增长、充分就业和国际收支平衡等。

3. 运用法定存款准备金政策必须具备发达的金融市场。

4. 贴现政策有助于中央银行发挥最后贷款人作用。

5. 再贴现是中央银行与商业企业之间办理的票据贴现业务。

6. 对货币政策最终目标而言，稳定物价与充分就业通常是一致的。

7. 当中央银行要实施反通货膨胀的货币政策时，可以采取降低法定存款准备金率的办法。

8. 利用公开市场操作实施货币政策，中央银行具有完全的主动权。

9. 中央银行在公开市场上买进证券，只是等额地投放基础货币，而不是等额地投放货币供应量。

10. 中央银行进行公开市场操作不仅可以调节货币供应量，还可以影响利率。

四、简答题

1. 货币政策的最终目标有哪些？

2. 物价稳定为什么被很多国家的中央银行选作最重要的货币政策最终目标？

3. 中央银行选择货币政策中间目标的依据主要有哪些？

4. 货币供应量作为中间目标有什么优缺点？

5. 利率作为中间目标有什么优缺点？

6. 简述公开市场操作的作用机制。

7. 简述贴现政策的作用机制。

8. 简述法定存款准备金政策的作用机制。

9. 简述公开市场操作的优点和局限性。

10. 简述贴现政策的优缺点。

11. 简述法定存款准备金政策的优缺点。

参考答案

一、单项选择题

1. C　　2. D　　3. B　　4. C　　5. A　　6. C　　7. A　　8. B　　9. B
10. D　11. A　12. C　13. B　14. A　15. A　16. C　17. D　18. A
19. A　20. B

二、多项选择题

1. CDE　　　2. ACDE　　　3. ABCE　　　4. ABCD　　　5. ABCDE
6. ABD　　　7. BCE　　　8. BCDE　　　9. BCD　　　10. ACD

三、判断题

1. T　　　2. T　　　3. F　　　4. T　　　5. F
6. F　　　7. F　　　8. T　　　9. T　　　10. T

四、简答题

1. 货币政策的最终目标有哪些？

【参考答案】

货币政策最终目标一般包括：物价稳定，充分就业，经济增长，国际收支平衡。除此之外，不少国家把金融稳定（包括金融市场稳定、利率稳定、外汇市场稳定等）也作为重要的货币政策最终目标。

2. 物价稳定为什么被很多国家的中央银行选作最重要的货币政策最终目标？

【参考答案】

物价稳定越来越被视作是货币政策最重要的目标，中央银行将物价稳定定义为通货膨胀率保持在稳定的低水平。

一来，通货膨胀会增加经济体系的不确定性，进而危害经济增长。例如，随着总体价格水平的变动，产品和服务价格所传递出的信息就会难以解读，使得消费者、企业、政府的决策更为复杂，从而降低金融体系的效率。二来，通货膨胀也会加大预判未来宏观经济形势的难度。例如，在通货膨胀环境下，我们很难决定该如何进行投资理财，以实现保值增值。三来，越来越多的经验和研究表明，当适度温和通货膨胀转化为恶性通货膨胀时，便会抑制经济增长、破坏经济运行。

综上，由于物价稳定对于经济的长期健康发展至关重要，因此许多国家明确指出，物价稳定应该是中央银行首要的最终目标。

3. 中央银行选择货币政策中间目标的依据主要有哪些？

【参考答案】

中央银行选择货币政策中间目标的主要标准有以下三个：一是可测性，央行能对这些作为货币政策中间目标的变量加以比较精确的统计。二是可控性，央行可以较有把握地将选定的中间目标控制在确定的或预期的范围内。三是相关性，作为货币政策中间目标的变量与货币政策的最终目标有着紧密的关联性。

4. 货币供应量作为中间目标有什么优缺点？

【参考答案】

货币供给量作为中间目标的优点：第一，各个层次的货币供给量指标，都可以通过查寻中央银行、商业银行等金融机构的资产负债表进行量的测算、分析，即具有可测性；第二，各个层次的货币供给量的变动都能够由中央银行通过调控基础货币或法定存款准备金率等变量予以影响，即具有可控性；第三，各个层次的货币供给量的变动与货币政策最终目标的实现，关系极为密切，即具有相关性。

货币供给量作为中间目标的缺点：货币层次的划分可能被金融创新所模糊，从而导致择定为中间目标的某一层次的货币供给量难以测度和控制；中央银行对货币供给量的控制能力并不是绝对的。

5. 利率作为中间目标有什么优缺点？

【参考答案】

利率作为中间目标的优点：利率一定程度上可以被测度，具有可测性；中央银行能够直接影响其变动，具有可控性；并且利率的高低还能影响有关宏观经济指标，与货币政策最终目标具有相关性。

利率作为中间目标的缺点：利率可以区分为名义利率和实际利率，虽然名义利率可测，但是实际利率具有不易测量的性质，特别是事前的实际利率更是难以测定，这显然会一定程度影响其有效发挥货币政策中间目标功能。此外，利率兼具经济变量和政策变量特性。由于难以区分经济中利率变动的原因到底是作为经济变量的变动所引起，还是作为政策变量的变动所引起，这必然会一定程度影响其有效发挥货币政策中间目标功能。

6. 简述公开市场操作的作用机制。

【参考答案】

公开市场操作的效果主要是通过影响银行体系的准备金和货币供给量，并调节市场利率来实现。（1）当中央银行在公开市场上大量买进有价证券时，必将增加银行体系的超额存款准备金，从而增强银行体系创造信用的能力，扩张货币供给；反之，则会使银行体系的超额存款准备金减少，削弱银行体系的信用创造能力，减少市场货币供给量。（2）中央银行在公开市场上买卖不同期限的有价证券，会对不同期限的利率产生影响，如"买长卖短""买短卖长"以调整利率结构，进而影响对不同利率有不同敏感性的贷款与投资。

因此，当货币供给不足、利率偏高时，中央银行可通过在公开市场上买进有价证券；而当货币供给过多、利率偏低时，中央银行则可通过在公开市场上卖出有价证券。由此投放或回收基础货币并调节利率水平。

7. 简述贴现政策的作用机制。

【参考答案】

贴现政策的使用主要表现在中央银行改变贴现利率上。中央银行提高或降低贴现利率，使得商业银行或其他金融机构向中央银行借款的成本发生了变化，从而渐次影响基础货币投放量、货币供给量与其他经济变量。当中央银行想扩展信用（增加货币供给量）时，它可以降低贴现利率。于是，商业银行向中央银行的借款利率下降，从而可能会增加其借款量，导致中央银行供给的基础货币量增加，从而导致货币供给量增加。同理，当中央银行想紧缩信用（减少货币供给量）时，它可以提高贴现利率。于是，商业银行向中央银行的借款利率上升，从而可能会降低其借款量，导致中央银行供给的基础货币量减少，从而导致货币供给量减少。

8. 简述法定存款准备金政策的作用机制。

【参考答案】

法定存款准备金政策的核心是通过法定存款准备金率的提高或降低，影响商业银行信用创造倍数，以达到调节社会信用规模和货币供应量，进而影响其他经济变量的目的。法定存款准备金率一旦发生改变，也就意味着银行必须持有的准备金数额随之而改变。如果法定存款准备金率提高，则意味着对同等数量的存款额所要求的准备金增加，于是也就意味着超额存款准备金的减少，甚至准备金会不足。在这种情况下，银行的贷款和投资或者不能增加，或者必须减少，不管是哪种情况发生，都可能意味着货币乘数的减小，从而降低货币供给量。反之，则正好相反，货币乘数增大，货币供给量上升。例如，如果经济处于衰退状况，中央银行则可降低法定存款准备金率，使银行及整个金融体系成倍扩张信用及货币供应量，以刺激经济增长。

9. 简述公开市场操作的优点和局限性。

【参考答案】

公开市场操作的优点：（1）中央银行进行公开市场操作能完全控制交易量，买多少或卖多少，完全由中央银行决定。即不论想要改变的基础货币量或银行体系的准备金的数量是大还是小，中央银行都可以按照自己的意愿进行。（2）公开市场操作可以进行灵活、精确的交易，在公开市场操作中，中央银行可以改变交易方向。例如，当中央银行认为买入证券太多时，它可以立即卖出，予以纠正。（3）公开市场操作可以迅速执行。当中央银行认为有必要进行证券买卖时，只需要对证券交易商发出买卖指令，交易就会立即被执行。

公开市场政策的局限性：必须以发达的金融市场为前提，即必须保证足够多的可以进行交易的证券种类和数量。

10. 简述贴现政策的优缺点。

【参考答案】

贴现政策的最大优点是中央银行可以通过它来发挥最后贷款人的作用；另外中央银行可以通过升降贴现利率显示其政策意图（发挥"宣示效应"）；在特殊情况下，中央银行还可以运用贴现政策来调整信贷结构，贯彻产业政策。

贴现政策的缺点主要表现在以下几个方面：（1）中央银行不能完全控制贴现贷款的数量变动，这是因为，尽管中央银行可以改变贴现利率，但不能命令商业银行来借款。（2）当贴现利率被确定时，市场利率的变动将不可避免地引起贴现利率与市场利率之间的差额频繁波动，从而导致贴现贷款和货币供给量波动，结果使得货币供给难以控制。（3）中央银行对贴现利率的变动可能被市场误解。比如，当同业拆借市场利率上升，为维持与市场利率的正常关系而提高贴现利率时，这一行动可能被市场理解为中央银行将采取紧缩性的货币政策，其实中央银行可能没有这样的意图，而只是想维持与市场利率之间的正常关系。

11. 简述法定存款准备金政策的优缺点。

【参考答案】

法定存款准备金政策的优点主要包括：（1）法定存款准备金政策的采用与否，主动权在中央银行。（2）中央银行变动法定存款准备金率能对货币供给量产生迅速、有力、广泛的影响。（3）中央银行变动法定存款准备金率作用于所有银行或存款式金融机构，对于金融机构而言较为客观、公平。（4）中央银行采用存款准备金政策受外界干扰甚小，存款准备金率的高低变动可较好地体现中央银行的政策意图

法定存款准备金政策的缺点主要表现在以下几个方面：（1）对货币供给量的作用过于猛烈且缺乏弹性。（2）政策预期效果还在很大程度上受制于银行体系的超额存款准备金的数额。

第十八章　货币政策操作与传导机制

学习目标

本章主要介绍中国人民银行和美联储的货币政策操作，以及货币政策的传导机制等。学完本章，你应该掌握：

- 中国人民银行货币政策工具和操作
- 美联储调控联邦基金利率的原理和方法
- 货币政策传导的主要渠道和机制
- 货币政策与财政政策的配合。
- 货币政策内部时滞和外部时滞以及特点。

本章重点回顾

>> **中国人民银行货币政策目标及操作**
　◎中国人民银行货币政策目标
　◎货币政策工具操作：着重以货币供给量为中间目标的数量调控

>> **美联储货币政策目标及操作**
　◎美联储货币政策目标
　◎货币政策工具操作：着重以利率为中间目标的价格调控

>> **货币政策传导机制**
　◎传统利率传导渠道；其他资产价格传导渠道；信用传导渠

>> **货币政策和财政政策的配合**
　IS-LM 模型；货币政策和财政政策的政策效应和组合使用

>> **货币政策时滞**
　内部时滞和外部时滞；货币政策时滞特点

习题精练

一、单项选择题

1.《中华人民共和国中国人民银行法（2003 年修正）》将我国货币政策的最终目标确定为（　　）。

（A）保持货币币值稳定并以此促进经济增长

（B）保持充分就业并以此促进经济增长

(C) 保持货币币值稳定并以此促进国际收支平衡

(D) 保持充分就业并以此促进货币币值稳定

2. 关于我国的存款准备金政策，以下正确的是（　　）。

(A) 不同金融机构的存款准备金率相同

(B) 我国的存款准备金率很少进行调整

(C) 我国实行差别存款准备金率制度

(D) 金融机构资本充足率越高，适用的存款准备金率就越高

3. 为了降低联邦基金利率，美联储可以（　　）。

(A) 提高法定存款准备金率

(B) 提高贴现率

(C) 公开市场购买

(D) 公开市场出售

4. 中央银行的下列哪一项操作会推动准备金供给曲线向右移动？（　　）。

(A) 提高法定存款准备金率

(B) 提高贴现率

(C) 公开市场购买

(D) 公开市场出售

5. 通过向准备金付息，美联储能够将联邦基金利率控制在（　　）。

(A) 与准备金利率相等的水平上

(B) 与贴现率相等的水平上

(C) 等于或低于准备金利率的水平

(D) 等于或高于准备金利率的水平

6. 中国人民银行增加银行体系准备金，可以实施（　　）。

(A) 现券买断

(B) 现券卖断

(C) 提高贴现率

(D) 提高法定存款准备金率

7. 准备金需求曲线向右位移最有可能是由于（　　）。

(A) 法定存款准备金率上升

(B) 法定存款准备金率下降

(C) 公开市场购买

(D) 公开市场出售

8. 准备金供给曲线向右位移最有可能是由于（　　）。

(A) 法定存款准备金率上升

(B) 法定存款准备金率下降

(C) 公开市场购买

(D) 公开市场出售

9. 准备金供给曲线的水平部分向下移动最有可能是由于（　　）。

（A）央行提高贴现率

（B）央行降低贴现率

（C）超额存款准备金利率上升

（D）超额存款准备金利率下降

10. 准备金需求曲线的水平部分向上移动最有可能是由于（　　）。

（A）央行提高贴现率

（B）央行降低贴现率

（C）存款准备金利率上升

（D）存款准备金利率下降

11. 一般情况下，提高法定准备金率会导致（　　）。

（A）非借入准备金不变，同业拆借利率上升

（B）非借入准备金增加，同业拆借利率上升

（C）非借入准备金减少，同业拆借利率下跌

（D）非借入准备金不变，同业拆借利率下跌

12. 以下哪一项是降低货币供应量的有效措施？（　　）。

（A）扩大政府公共投资

（B）降低再贴现率

（C）中央银行在公开市场上购进有价证券

（D）提高法定存款准备金率

13. 通过提高货币供应增长速度来刺激总需求的增长，影响总需求与总供给的对比变化，以达到充分就业或经济增长等目的的政策是（　　）。

（A）紧缩性货币政策

（B）扩张性货币政策

（C）均衡性货币政策

（D）扩张性财政政策

14. 中国人民银行买进外汇，会引起货币供应量（　　）。

（A）等量增加

（B）数倍增加

（C）等量减少

（D）数倍减少

15. 结合汇率理论，扩张性的货币政策会导致（　　）。

（A）国内利率上升，本币升值，净出口上升

（B）国内利率下降，本币贬值，净出口下降

（C）国内利率上升，本币升值，净出口下降

（D）国内利率下降，本币贬值，净出口上升

二、多项选择题

1. 从交易品种看，中国人民银行公开市场业务债券交易主要包括（　　）。

（A）回购交易

（B）现券交易

（C）发行中央银行票据

（D）主动型交易

（E）防御型交易

2. 属于我国准备金政策特色的有（　　　）。

（A）统一的存款准备金率制度

（B）差别化的存款准备金率制度

（C）"三档两优"准备金率框架

（D）金融机构存款准备金率分为高、中、低三个基准档

（E）金融机构适用的存款准备金率与其资本充足率等指标挂钩

3. 关于借入准备金和非借入准备金，下列说法正确的有（　　　）。

（A）美联储公开市场操作所供给的准备金被称为非借入准备金

（B）向美联储借款所形成的准备金被称为借入准备金

（C）如果联邦基金利率低于美联储贴现率，借入准备金的规模为零

（D）如果联邦基金利率高于准备金利率，借入准备金的规模大于零

（E）如果联邦基金利率等于准备金利率，非借入准备金的规模为零

4. 关于联邦基金利率的调控，下列说法正确的有（　　　）。

（A）降低法定存款准备金率一般会使得准备金需求曲线右移

（B）公开市场买入会使得准备金供给曲线右移

（C）贴现率的变动一定会影响联邦基金利率

（D）提高存款准备金利率必然会影响联邦基金利率

（E）联邦基金利率不会高于美联储贴现率

5. 货币政策时滞包括（　　　）。

（A）主动时滞

（B）被动时滞

（C）内部时滞

（D）外部时滞

（E）中间时滞

三、判断题

1. 我国 M2 与货币政策最终目标的相关性在减弱。

2. 中国人民银行的现券买断交易是回笼基础货币的操作。

3. 短期流动性调节工具（SLO）是公开市场常规操作的必要补充。

4. 联邦基金利率有可能高于美联储贴现率。

5. 联邦基金利率一般高于准备金利率。

6. 我国货币政策的制定者和执行者主要是政策性银行。

7. 传统观点认为，货币政策主要是通过利率传导渠道发挥作用的。

8. 名义利率为零时，货币政策的利率传导机制将无能为力。

9. 货币政策的外部时滞是指中央银行制定和实施货币政策的全过程。

10. 货币政策所需的内部时滞较短，外部时滞较长。

四、简答题

1. 为了刺激经济，中国人民银行可以如何运用三大货币政策工具增加货币供给？

2. 为什么贴现率和准备金利率分别为联邦基金利率提供了上限和下限？

3. 美联储通过改变贴现率的贴现政策操作一定会影响联邦基金利率吗？请结合图示进行分析。

4. 美联储的公开市场操作一定会影响联邦基金利率吗？请结合图示进行分析。

5. 法定存款准备金率下降是如何影响准备金需求曲线和联邦基金利率的？

6. 请描述货币政策的利率传导机制。

7. 根据货币政策的利率传导机制，当利率水平已经接近于零时，你认为货币政策是否能够继续有效？请简述背后的机理。

8. 请描述货币政策的汇率传导机制。

9. 什么是货币政策时滞？货币政策时滞有什么特点？

参考答案

一、单项选择题

1. A　　2. C　　3. C　　4. C　　5. D　　6. A　　7. A　　8. C　　9. B

10. C　　11. A　　12. D　　13. B　　14. B　　15. D

二、多项选择题

1. ABC　　　2. BCDE　　　3. ABC　　　4. BE　　　5. CD

三、判断题

1. T　　2. F　　3. T　　4. F　　5. T

6. F　　7. T　　8. F　　9. F　　10. T

四、简答题

1. 为了刺激经济，中国人民银行可以如何运用三大货币政策工具增加货币供给？

【参考答案】

公开市场业务：公开市场买入→基础货币增加（或银行存款准备金增加）→银行信用创造增加→货币供应量增加。

再贴现政策：降低再贴现利率→基础货币增加（或银行存款准备金增加）→银行

信用创造增加→货币供应量增加。

法定存款准备金政策：降低法定存款准备金率→银行超额存款准备金增加→银行信用创造增加→货币供应量增加。

2. 为什么贴现率和准备金利率分别为联邦基金利率提供了上限和下限？

【参考答案】

如果联邦基金利率超过贴现率，此时银行会有极大的动机从美联储借款，并在联邦基金市场上将这些资金贷放出去，从而获取利息差，结果就是，在贴现率的利率水平上，准备金供给曲线变得平坦（具有无限弹性）。由此，贴现率构成了联邦基金利率的上限。

如果联邦基金利率低于超额存款准备金利率，此时银行会有极强的动机从联邦基金市场借入资金，并把借入的资金存入美联储，从而获取利息差，结果就是，在超额存款准备金利率水平上，准备金需求曲线变得平坦（具有无限弹性）。由此，超额存款准备金构成了联邦基金利率的下限。

3. 美联储通过改变贴现率的贴现政策操作一定会影响联邦基金利率吗？请结合图示进行分析。

【参考答案】

不一定。取决于准备金供给曲线与需求曲线最初是相交于供给曲线的垂直部分还是相交于平坦部分。（图略）

如果相交于垂直部分，贴现贷款政策不一定导致联邦基金利率变动。

如果相交于平坦部分，降低贴现贷款利率会导致联邦基金利率下降，反之则上升。

4. 美联储的公开市场操作一定会影响联邦基金利率吗？请结合图示进行分析。

【参考答案】

不一定。取决于供给曲线与需求曲线最初是相交于向下倾斜部分还是平坦部分。（图略）

如果相交于向下倾斜部分，公开市场购买会导致联邦基金利率下降，反之则上升。

如果相交于平坦部分，公开市场操作对联邦基金利率就不会产生影响。

5. 法定存款准备金率下降是如何影响准备金需求曲线和联邦基金利率的？

【参考答案】

当准备金供给曲线的垂直部分相交于需求曲线的向下倾斜部分时（图略），法定准备金率下降，导致商业银行法定准备金需求降低，使银行准备金需求曲线左移；在其他条件不变情况下，准备金需求曲线左移将导致联邦基金利率降低。

当准备金供给曲线的垂直部分相交于需求曲线的水平部分时（图略），此时联邦基金利率已经等于准备金利率（联邦基金利率的下限），准备金需求曲线左移也不会改变联邦基金利率。

6. 请描述货币政策的利率传导机制。

【参考答案】

传统观点认为，货币政策主要是通过利率传导渠道发挥作用的。以扩张性货币政策为例，其传导路径如下：$i_r\downarrow\Rightarrow I\uparrow\Rightarrow Y^{AD}\uparrow$。

其作用机制为：扩张性货币政策导致了实际利率水平的下降（$i_r\downarrow$），这会降低筹资成本，进而引起投资支出的增加（$I\uparrow$），最终导致总需求水平的上升（$Y^{AD}\uparrow$）。

7. 根据货币政策的利率传导机制，当利率水平已经接近于零时，你认为货币政策是否能够继续有效？请简述背后的机理。

【参考答案】

货币政策能够继续有效。

利率传导机制可以描述为：$i_r\downarrow\Rightarrow I\uparrow\Rightarrow Y^{AD}\uparrow$。当名义利率接近于零时，虽然名义利率无法继续下降，但货币当局还可以通过扩张性货币政策提高预期通胀率，从而使得实际利率继续下降，投资增加，产出增加，从而货币政策继续有效。

8. 请描述货币政策的汇率传导机制。

【参考答案】

货币政策的汇率传导考虑了利率水平对汇率的影响。扩张性货币政策可以降低实际利率，当国内实际利率水平下降时，国内资产相对于外币资产的吸引力会有所下降，从而导致本币贬值（直接标价法下，以 $E\uparrow$ 表示本币贬值）。本币贬值使得本国商品相对于外国同类商品更加便宜，因此会导致净出口的增加（$NX\uparrow$），总需求也随之增加（$Y^{AD}\uparrow$）。以扩张性货币政策为例，其传导路径如下：

$$i_r\downarrow\Rightarrow E\uparrow（直接标价法，本币贬值）\Rightarrow NX\uparrow\Rightarrow Y^{AD}\uparrow$$

9. 什么是货币政策时滞？货币政策时滞有什么特点？

【参考答案】

货币政策时滞是指货币政策从研究、制定、实施到实现其全部效应的时间过程。货币政策时滞由内部时滞、外部时滞组成。内部时滞是指作为一国货币当局的中央银行制定和实施货币政策的全过程。外部时滞是指从货币当局操作货币政策工具到货币政策对经济运行产生影响所经过的时间。

货币政策时滞的特点：内部时滞较短，外部时滞较长。

第十九章　通货膨胀与通货紧缩

学习目标

本章主要介绍宏观经济学中的重要模型——总需求和总供给模型，并以此为基础，结合货币理论和货币政策中的相关理论，分析通货膨胀和通货紧缩问题。学完本章，你应该掌握：

- ·总需求和总供给模型
- ·通货膨胀成因、影响及治理
- ·通货紧缩成因、影响及治理

本章重点回顾

>> **总供给和总需求模型**

　　◎总需求；总供给；供需均衡与均衡变动

>> **通货膨胀**

　　◎通货膨胀的分类和度量

　　◎通货膨胀的成因和影响

　　◎通货膨胀的治理

>> **通货紧缩**

　　◎通货紧缩的成因和影响

　　◎通货紧缩的治理

习题精练

一、单项选择题

1. 总需求曲线向右下方倾斜的原因，不包括（　　）。
   - （A）投资效应
   - （B）利率效应
   - （C）汇率效应
   - （D）税收效应

2. 关于总供给曲线，下列说法错误的是（　　）。
   - （A）总供给曲线反映总产量与价格水平之间的关系。
   - （B）长期总供给曲线是产出量在充分就业水平的一条垂直线。

（C）通常情况下总供给曲线是一条向右上方倾斜的曲线。

（D）如果名义工资具有"刚性"，总供给曲线是向右倾斜的曲线。

3. 当物价水平上升的速度在10%～100%区间时，通货膨胀称为（　　）。

（A）奔腾的通货膨胀

（B）温和型通货膨胀

（C）超级通货膨胀

（D）平衡型通货膨胀

4. 下列不能用来度量通货膨胀的是（　　）。

（A）消费者物价指数

（B）生产者物价指数

（C）国内（国民）生产总值平减指数

（D）国内（国民）生产总值

5. 哪一种通货膨胀产生的原因是在于经济发展过程中社会总需求大于总供给，从而引起一般物价水平持续上涨？（　　）。

（A）成本推动型通货膨胀

（B）需求拉动型通货膨胀

（C）结构型通货膨胀

（D）混合型通货膨胀

6. 西方国家在20世纪70年代出现了高失业与高通货膨胀并存的现象，该现象的合理解释是（　　）。

（A）需求拉动型通货膨胀

（B）成本推动型通货膨胀

（C）结构型通货膨胀

（D）混合型通货膨胀

7. 需求拉动型通货膨胀形成的前提是（　　）。

（A）总需求固定

（B）总供给固定

（C）货币需求固定

（D）货币供给固定

8. 哪种通货膨胀产生的原因是在于部门之间劳动生产率增速与工资增长的不匹配？（　　）。

（A）需求转移型通货膨胀

（B）部门差异型通货膨胀

（C）小国开放型通货膨胀

（D）工资推动型通货膨胀

9. 认为通货膨胀会损害市场运行效率，阻碍经济增长的理论是（　　）。

（A）促进论

（B）有效需求不足理论

（C）促退论

（D）中性论

10. 能从通货紧缩中受益的是（　　）。

（A）债权人

（B）债务人

（C）实物资产持有者

（D）浮动收入者

11. 促进论的观点认为，通货膨胀促进经济增长的原因不包括（　　）。

（A）物价上升

（B）货币幻觉

（C）储蓄率的提高

（D）铸币税的正效应

12. 短期菲利普斯曲线表明（　　）。

（A）失业率越低，通货膨胀率越低

（B）失业率越高，通货膨胀率越低

（C）失业率与通货膨胀率没有任何关系

（D）低失业和低通货膨胀可以同时实现

13. 长期菲利普斯曲线表明（　　）。

（A）失业率越低，通货膨胀率越低

（B）失业率越高，通货膨胀率越低

（C）失业率与通货膨胀率没有任何关系

（D）低失业和低通货膨胀不可以同时实现

14. 下列不属于通货紧缩现象的是（　　）。

（A）货币供应量持续上升

（B）物价水平持续下跌

（C）失业率上升

（D）需求不足，投资减少

15. 下列政策中，属于扩张性货币政策的是（　　）。

（A）提高法定存款准备金率

（B）提高再贴现率、再贷款利率

（C）公开市场买入有价证券

（D）增加政府支出

16. 治理通货膨胀的对策中，提高法定存款准备金率属于（　　）。

（A）紧缩性收入政策

（B）紧缩性货币政策

（C）收入指数化政策

（D）紧缩性财政政策

17. 治理通货膨胀的对策中，工资随物价指数的升降而调整属于（　　）。

（A）紧缩性收入政策

（B）紧缩性货币政策

（C）收入指数化政策

（D）紧缩性财政政策

18. 下列不属于紧缩性财政政策的是（　　　）。

（A）减少政府支出

（B）发行政府债券

（C）增加税收

（D）制定物价、工资管制政策

19. 当出现通货膨胀时，可以采取的措施是（　　　）。

（A）扩大财政支出

（B）公开市场卖出有价证券

（C）降低再贴现率、再贷款利率

（D）降低法定存款准备金率

20. 当出现通货紧缩时，可以采取的措施是（　　　）。

（A）公开市场卖出有价证券

（B）发行政府债券

（C）降低再贴现率、再贷款利率

（D）提高法定存款准备金率

二、判断题

1. 本国货币贬值将引起总需求曲线左移。

2. 新技术的发明将引起总供给曲线右移。

3. 通货膨胀不是季节性、偶然性或暂时性的物价上涨，而是持续的物价上涨。

4. CPI、PPI 以及 GDP 是常用的反映通货膨胀的指标。

5. 国内生产总值平减指数是指名义 GDP 与实际 GDP 之比。

6. 温和型通货膨胀是指物价上升速度在 20% 以下的通货膨胀。

7. 需求拉动型通货膨胀的成因在于产品成本的提高推动物价上涨。

8. 在名义利率不变的前提下，通货膨胀会降低债务的真实利率。

9. 通货膨胀有利于浮动收入者、政府以及债权人。

10. 通货膨胀的强制储蓄效应有利于债务人而不利于债权人。

11. 通货膨胀不利于经济增长，所以要杜绝通货膨胀。

12. 长期菲利普斯曲线认为通货膨胀率与失业率呈反向关系。

13. 可以通过减少政府购买应对通货膨胀。

14. 可以通过提高法定存款准备金率、提高再贴现率、再贷款利率以及通过公开市场买入有价证券来应对通货膨胀。

15. 收入指数化政策会加剧物价的不稳定。

三、简答题

1. 简述不同类型总供给曲线的差异。
2. 什么是通货膨胀？简述通货膨胀的类型。
3. 什么是需求拉动型通胀和成本推动型通胀？
4. 简述通货膨胀中的收入财富分配效应。
5. 简述治理通货膨胀的货币政策。
6. 简述通货膨胀促进论观点中通货膨胀对经济增长的影响。

参考答案

一、单项选择题

1. A　　2. D　　3. A　　4. D　　5. B　　6. B　　7. B　　8. B　　9. C
10. A　　11. A　　12. B　　13. C　　14. A　　15. C　　16. B　　17. C　　18. D
19. B　　20. C

二、判断题

1. F　　　2. T　　　3. T　　　4. F　　　5. T
6. F　　　7. F　　　8. T　　　9. F　　　10. F
11. F　　12. F　　13. T　　14. F　　15. T

三、简答题

1. 简述不同类型总供给曲线的差异。

【参考答案】

总供给（AS）是经济社会所提供的总产出（或国民收入），即经济社会投入的基本资源所生产的产量。

（1）长期总供给曲线，也称古典总供给曲线，是产出量在充分就业水平的一条垂直线。古典学派认为名义工资和价格在长期内可以自由波动，具有完全弹性，并且产出由劳动数量决定。因此长期中的就业水平或产量不随价格水平的变化而变动，始终处在充分就业的水平上。因此长期总供给曲线是一条垂直的直线。

（2）极端凯恩斯总供给曲线是一条水平线。凯恩斯提出了名义工资"刚性"的假设，即名义工资不会轻易变动。在名义工资"刚性"的假设条件下，当产量（国民收入）增加时，价格和名义工资短期内不会发生改变，因此总供给曲线被认为是一条水平线。即使不考虑刚性工资的假设，在极短时间内，价格和名义工资也没有足够的时间进行调整，也是一条水平线。

（3）短期内常规的总供给曲线是一条向右上方倾斜的曲线。通常情况下的短期总供给曲线处于前述两种情况之间。考虑到短期内工资和其他资源价格相对固定，随着商品和劳务价格的提高，企业为获得更高的利润愿意增加产量。因此，价格水平上升将导致更高的总产量，即总供给增加。意味着在短期内，总供给曲线是一条向上倾斜的曲线，即常规总供给曲线。

2. 什么是通货膨胀？简述通货膨胀的类型。

【参考答案】

通货膨胀是指在纸币流通制度下，货币发行量超过商品流通的实际需求量，而引起的货币贬值和物价上涨现象，是一般物价水平持续性地上涨。

按物价水平上升的速度分类，通货膨胀率在10%以内为温和型通货膨胀，10%~100%之间称为奔腾的通货膨胀，100%以上称为超级通货膨胀。按对价格影响的区别分类，每种商品的价格均上升相同幅度为平衡型通货膨胀，各种商品价格上升的幅度不完全相同为非平衡型通货膨胀。按人们对通货膨胀的预期分类可分为预期到的通货膨胀和未预期到的通货膨胀。按物价的表现形式分类，市场机制运行良好，政府对物价不加管控为公开型通货膨胀；价格被政府管控，物价上涨无法通过公开的价格水平体现为隐蔽型通货膨胀。

3. 什么是需求拉动型通胀和成本推动型通胀？

【参考答案】

需求拉动型通货膨胀是指经济运行中总需求过度增加，超过了既定价格水平上商品和劳务的供给，从而引起物价水平上涨，货币贬值。是由货币过度供给导致的过度需求所引起的通货膨胀，即"过多的货币追逐过少的商品"。

成本推动型通货膨胀是指在总需求不变的情况下，由生产要素价格上涨引起生产成本上升，最终导致物价水平持续上涨。具体又可分为两种：工资推动型和利润推动型。

4. 简述通货膨胀中的收入财富分配效应。

【参考答案】

收入财富分配效应是指通货膨胀会引起国民收入与社会财富的不公平分配和再分配，从而导致社会各阶层之间的经济利益关系出现调整。收入财富分配效应将影响以下群体财富分配：

（1）通货膨胀有利于浮动收入者，不利于固定收入者。对于浮动收入的企业主而言，在通货膨胀初期，由于生产成本的上涨存在时滞，企业主会因产品价格上涨，利润增加而获益。随着通货膨胀的持续，工资和原材料价格相应调整，企业利润的相对收益逐渐消失。相反，发生通货膨胀时，固定收入者的名义收入调整普遍滞后于物价水平，导致实际收入因通货膨胀而减少。

（2）通货膨胀有利于债务人，不利于债权人。当发生通货膨胀时，虽然债务的名义价值不变，但是由于货币的实际购买力下降，对债务人来说还本付息的实际负担减轻，而对债权人来说收回的本息实际价值下降，财富从债权人向债务人转移。

（3）通货膨胀有利于政府。在累进所得税制度下，名义收入的增长使纳税人的边际税率更高，政府的税收收入由此增加。并且政府作为政府债务的债务人，通货膨胀使得政府还本付息的实际负担减轻。

（4）通货膨胀有利于实物资产的持有者，不利于货币资产的持有者。发生通货膨胀时，货币资产的实际价值降低，而实物资产的实际价值随通货膨胀相应调整或不变，由此导致财富或者财富净值在不同类型资产的持有者手中转移。

5. 简述治理通货膨胀的货币政策。

【参考答案】

在通货膨胀期间，货币发行量超过商品流通的实际需求量，由于货币供应量上升导致货币贬值和物价上涨。所以应对通货膨胀，需要采用紧缩性货币政策，通过减少货币供给以降低总需求，进而降低物价水平和通货膨胀。紧缩性货币政策主要有：

（1）提高法定存款准备金率。中央银行提高法定存款准备金率，将降低商业银行的货币创造能力，从而达到紧缩信贷规模、减少货币供应量、降低总需求的目的。

（2）提高再贴现率、再贷款利率。提高再贴现率、再贷款利率增加了商业银行向中央银行贷款的成本，抑制了商业银行的贷款需求。并且较高的商业银行贷款成本，迫使其提高面向企业的贷款成本，结果导致企业的贷款需求减少，货币供给随之下降。

（3）通过公开市场卖出有价证券。中央银行可以通过公开市场卖出有价证券，减少货币供应。

（4）提高利率。金融机构也可以直接提高利率，利率的提高会增加信贷资金的使用成本，降低借贷规模，减少货币供给。并且提高利率还可以刺激人们增加储蓄，进而减轻通货膨胀压力。

6. 简述通货膨胀促进论观点中通货膨胀对经济增长的影响。

【参考答案】

促进论认为通货膨胀有利于经济增长。原因在于：

（1）增加货币供给虽然会产生通货膨胀，但却可以增加有效需求，使那些由于有效需求不足而造成的闲置资源得以有效利用，进而增加就业和产出。

（2）通货膨胀初期存在货币幻觉的正效应。由于公众对通货膨胀预期的调整存在时滞，此时物价上涨，而名义工资不会发生变化，企业利润相应提高，进而投资增加。对于工人而言，通常将名义工资、名义收入的上涨看成是实际的上涨，导致劳动者愿意提供更多的劳动，有利于企业扩大生产和投资。

（3）由于企业主的边际储蓄倾向较高，结合（2）中通货膨胀对提高企业利润的正效应，利润增加有利于企业主提高储蓄率，加快资本积累，进而促进经济增长。

（4）铸币税的正效应。当政府通过增发货币来对赤字融资时，实际上就是发行货币来支付政府所购买的商品和服务。这将增加流通中的货币量，导致通货膨胀，货币贬值。公众因此而损失的购买力即为政府的通货膨胀税收入。政府以铸币税的形式扩大政府购买和投资，有利于经济发展。并且由于政府通过通货膨胀增加的资金主要用于投资基础设施建设，创造了显著的外部经济社会效益，从而对资源配置产生影响。